高等学校土木工程专业应用型本科系列教材

土木工程概论

张春梅　张明月　王　妍　主编

中国建筑工业出版社

图书在版编目（CIP）数据

土木工程概论 / 张春梅，张明月，王妍主编.
北京：中国建筑工业出版社，2025. 3. --（高等学校土
木工程专业应用型本科系列教材）. -- ISBN 978-7-112
-30966-5

Ⅰ. TU

中国国家版本馆 CIP 数据核字第 2025S1M314 号

本书为"高等学校土木工程专业应用型本科系列教材"之一。主要内容包括：绪论、土木工程材料、地基与基础、建筑结构、地下工程、交通土建工程、土木工程施工、土木工程施工组织与项目管理、土木工程防灾与减灾、数字化技术在土木工程中的应用。本书由拥有丰富土木工程教学经验的一线教师及企业资深专家联合编写，确保理论与实践的紧密结合，全面覆盖土木工程各领域的共性技术需求。内容方面，本书既融入了经工程实践验证的成熟知识，又兼顾了教学要求，同时吸纳了近年来本学科的最新研究成果，增添了拓宽学生知识视野的素材与工程案例，并严格遵循国家及行业最新规范与标准，旨在提升学生的工程问题解决能力。

本书可供大学本科土木工程类使用，并可供各个层次的院校师生参考。

为了便于教学，作者特制作了配套课件，任课教师可以通过如下途径申请：

1. 邮箱：jckj@cabp.com.cn，12220278@qq.com
2. 电话：(010) 58337285
3. 建工书院网站：http://edu.cabplink.com

责任编辑：郭　栋　吉万旺
责任校对：张　颖

高等学校土木工程专业应用型本科系列教材

土木工程概论

张春梅　张明月　王　妍　主编

*

中国建筑工业出版社出版、发行（北京海淀三里河路 9 号）
各地新华书店、建筑书店经销
北京科地亚盟排版公司制版
河北京平诚乾印刷有限公司印刷

*

开本：787 毫米×1092 毫米　1/16　印张：10½　字数：261 千字
2025 年 6 月第一版　　2025 年 6 月第一次印刷
定价：**49.00** 元（赠教师课件）
ISBN 978-7-112-30966-5
(43863)

本书编委会

主　　编：张春梅　张明月　王　妍
副主编：李　松　张　微　王　飞
编　　委：王子靖　钟铁铭　金子巍　戚　玥　齐锡晶　付　春

前 言
FOREWORD

"土木工程概论"作为一门具有宏观性、概述性的专业入门课程，其教学内容需紧密贴合时代步伐，积极吸纳行业领域内的新研究、新发现、新技术及新成果，密切关注行业动态，旨在为广大学生提供前沿的行业资讯与专业指导。

为积极响应高等教育向应用型人才培养转型的号召，我们深入探索了行业与企业对土木工程专业人才的实际需求，旨在满足新时代背景下学生创新发展与终身学习的迫切需求。本书由拥有丰富土木工程教学经验的一线教师及企业资深专家联合编写，确保理论与实践的紧密结合，全面覆盖土木工程各领域的共性技术需求。内容方面，本书既融入了经工程实践验证的成熟知识，又兼顾了教学要求，同时吸纳了近年来本学科的最新研究成果，增添了拓宽学生知识视野的素材与工程案例，并严格遵循国家及行业最新规范与标准，旨在提升学生的工程问题解决能力。

本书结构严谨，共设10章，依次为绪论、土木工程材料、地基与基础、建筑结构、地下工程、交通土建工程、土木工程施工、土木工程施工组织与项目管理、土木工程防灾与减灾、数字化技术在土木工程中的应用。全书由张春梅、张明月、王妍担任主编，各章节具体编写人员如下：第1章张明月、李松，第2章王飞、王子靖，第3章王妍、张微，第4章张明月、戚玥，第5章张微、王妍，第6章李松、张明月，第7章张春梅、金子巍，第8章张春梅、齐锡晶，第9章张春梅、钟铁铭、付春，第10章王子靖、王飞。

在本书的编纂过程中，我们得到了来自沈阳城市建设学院、东北大学、北方测盟科技有限公司、中煤科工集团沈阳设计研究院、辽宁石油化工大学等单位具有多年教学经验和工程实践经验的一线专家、双师型教师的指导和帮助，他们的宝贵意见与指导为本书的顺利完成奠定了坚实基础。同时，本书还广泛引用了众多专家、学者在教学、设计、施工、科研等领域积累的丰富资料，对此我们深表感激。

目录

CONTENTS

第1章
绪 论

学习目标：

1. 掌握土木工程的定义及范畴；
2. 熟悉土木工程的发展史；
3. 了解土木工程各发展时期的代表性建筑及相关情况；
4. 掌握土木工程专业的学习方法及土木工程师应具备的素质。

1.1　什么是土木工程

土木工程在英语中称为"Civil Engineering"，直译是民用工程。中国国务院学位委员会在学科简介中定义："土木工程是建造各类工程设施的科学技术的总称，它既指工程建设的对象，即建在地上、地下、水中的各种工程设施，也指所应用的材料、设备和所进行的勘测设计、施工、保养、维修等技术"。

土木工程的内容非常广泛，它和广大人民群众的日常生活密切相关，在国民经济中起着非常重要的作用。它包括房屋建筑工程、公路与城市道路工程、铁道工程、桥梁工程、隧道工程、机场工程、地下工程、给水排水工程、港口码头工程等。国际上，运河、水库、大坝、水渠等水利工程也包括于土木工程之中。

土木工程是国家的重要行业和支柱产业，为人民的生活和生产提供各类设施，是提高人民生活水平和社会物质文明的基础保障，对拉动社会经济有重要作用，现代土木工程不仅满足了人们不断提高的需求，也促进了材料、能源、环保、机械、服务业等领域的快速发展。

1.2　土木工程的发展

从古代，为了满足住、行以及生产活动的需要，人类构木为巢、掘土为穴，到今天能建造摩天大厦、万米长桥，以至移山填海的宏伟工程，经历了漫长的发展过程。

土木工程的发展贯通古今，它与社会、经济，特别是科学、技术的发展有密切联系。土木工程内涵丰富，而就其本身而言，主要是围绕着材料、施工、理论三个方面的演变而不断发展的。为便于叙述，姑且将土木工程发展史划为古代土木工程、近代土木工程和现代土木工程三个时代。以 17 世纪工程结构开始有定量分析，作为近代土木工程时代的开端；把第二次世界大战后科学技术的突飞猛进，作为现代土木工程时代的起点。

人类最初居无定所，利用天然掩蔽物作为居处，农业出现以后需要定居，出现了原始村落，土木工程开始了它的萌芽时期。随着古代文明的发展和社会进步，古代土木工程经历了其形成时期和发达时期。不过，因受到社会和经济条件的制约，发展颇不平衡。古代无数伟大的工程建设，是灿烂古代文明的重要组成部分。古代土木工程最初完全采用天然材料，后来出现人工烧制的瓦和砖，这是土木工程发展史上的一件大事。古代的土木工程实践使用简单的工具，依靠手工劳动，并没有系统的理论，但通过经验的积累，逐步形成了指导工程实践的成规。

15 世纪以后，近代自然科学的诞生和发展，是近代土木工程出现的先声，开启了土木工程理论上的奠基时期。17 世纪中叶，伽利略开始对结构进行定量分析，被认为是土木工程进入近代的标志。从此土木工程成为有理论基础的独立的学科。18 世纪下半叶开始的产业革命，使以蒸汽和电力为动力的机械先后进入了土木工程领域，施工工艺和工具都发生了变革。近代工业生产出新的工程材料——钢铁和水泥，土木工程发生了深刻的变化，使钢结构、钢筋混凝土结构、预应力混凝土结构相继在土木工程中广泛应用。第一次世界大战后，近代土木工程在理论和实践上都臻于成熟，可称为成熟时期。近代土木工程几百年的发展，在规模和速度上都大大超过了古代。

第二次世界大战后，现代科学技术飞速发展，土木工程也进入了一个新时代。现代土木工程所经历的时间尽管只有几十年，但以计算机技术广泛应用为代表的现代科学技术的发展，使土木工程领域出现了崭新的面貌。现代土木工程的新特征是工程功能化、城市立体化和交通高速化等。土木工程在材料、施工和理论三个方面也出现了新趋势，即材料轻质高强化、施工过程工业化和理论研究精密化。

1.2.1 古代土木工程

古代土木工程的历史跨度很长，它大致从新石器时代（约公元前 5000 年）起到 17 世纪中叶。这一时间的土木工程说不上有什么设计理论指导，修建各种设施主要依靠经验。所用材料主要取自于自然，如石块、草筋、土坯等，在公元前 1000 年左右开始采用烧制的砖。这一时期，所用的工具也很简单，只有斧、锤、刀、铲和石夯等手工工具。尽管如此，古代还是留下了许多有历史价值的建筑。有些工程即使从现代角度来看也是非常伟大的，有的甚至难以想象是怎么建成的。

在新石器时代，原始人为避风雨、防兽害，利用天然的掩蔽物，如山洞和森林作为住处。当人们学会播种收获、驯养动物以后，天然的山洞和森林已不能满足需要，于是使用简单的木、石、骨制工具，伐木采石，以黏土、木材和石头等，模仿天然掩蔽物建造居住场所，开始了人类早期的土木工程活动。初期建造的住所因地理、气候等自然条件的差异，仅有"窟穴"和"槽巢"两种类型。

以我国为例，在北方气候寒冷干燥地区多为穴居，在山坡上挖造横穴，在平地则挖造袋穴。后来穴的面积逐渐扩大，深度逐渐减小。甘肃省天水市秦安县东北面的五营乡邵店村大地湾遗址（图 1-1），是甘肃东部地区发现较完好的一处原始社会新石器时代古文化遗址，距今 4900—8120 年，共揭露面积 $13700m^2$，遗址总面积为 110 万 m^2。出土房址 238 座，灰坑 357 个，墓葬 79 座，窑 38 座，灶台 106 座，防护和排水用的壕沟 8 条。特别值得提出的是大地湾的房屋建筑遗址，不仅规模宏伟，而且结构复杂。尤其是属于仰韶文化晚期（距今约 5000 年前）的 F405 大房子，是一座有三开门和带檐廊的大型建筑，其房址面积 $270m^2$，室内面积 $150m^2$，平地起建，采用木骨泥墙，其复原图为四坡屋顶式房屋（图 1-1）。大地湾遗址的房屋，多采用白灰面、多种柱础的建筑方法，充分显示了当时生产力的提高和建筑技术的发展。距今 5000 年的大地湾四期文化发掘出的一座编号为"F901"的建筑（图 1-2），是目前

图 1-1 大地湾遗址复原房屋

3

所见我国史前时期面积最大、工艺水平最高的房屋建筑。这座总面积 420m² 的多间复合式建筑，布局规整、中轴对称、前后呼应、主次分明，开创了后世宫殿建筑的先河。

图 1-2　甘肃秦安大地湾遗址考古房屋结构

在我国黄河流域的仰韶文化遗址（公元前 5000—公元前 3000 年）中，遗存有浅穴和地面建筑，建筑平面有圆形、方形和多室联排的矩形。西安半坡村遗址（公元前 4800—公元前 3600 年，图 1-3）有很多圆形房屋，直径为 5～6m，室内竖有木柱，以支顶上部屋顶，四周密排一圈小木柱，起到承托屋檐的结构作用，也是围护结构的龙骨；还有的是方形房屋，其承重方式完全依靠骨架，柱子纵横排列，这是木骨架的雏形。当时的柱脚均埋在土中，木杆件之间用绑扎结合，墙壁抹草泥，屋顶铺盖茅草或抹泥。在西伯利亚发现用兽骨、北方鹿角架起的半地穴式住所（图 1-4）。

图 1-3　西安半坡遗址复原图

图 1-4　西伯利亚半地穴式住所场景

从中国西安半坡村遗址还可以看到有条不紊的部落布局，在浐河东岸的台地上遗存有密集排列的 40～50 座住房，在其中心部分有一座规模相当大的（平面约为 12.5m×14m）房屋，可能是会堂。各房屋之间筑有夯土道路，居住区周围挖有深、宽各约 5m 的防范袭击的大壕沟，上面架有独木桥。

新石器时代已有了基础工程的萌芽，柱洞里填有碎陶片或鹅卵石，即是柱础石的雏形。洛阳王湾的仰韶文化遗址（公元前 4000—公元前 3000 年，图 1-5）中，有一座面积约 200m² 的房屋，墙下挖有基槽，槽内填卵石，这是墙基的雏形。在尼罗河流域的埃及，新石器时代的住宅是用木材或卵石做成墙基，上面造木构架，以芦苇束编墙或土坯砌墙，用密排圆木或芦苇束做屋顶。

在地势低洼的河流湖泊附近，则从构木为巢发展为用树枝、树干搭成架空窝棚或地窝棚，之后又发展为栽桩架屋的干栏式建筑。中国浙江吴兴钱山漾遗址（约公元前3000年，图1-6），是在密桩上架木梁，上铺悬空的地板。西欧一些地方也出现过相似的做法，今瑞士境内保存着湖居人在湖中木桩上构筑的房屋。浙江余姚河姆渡新石器时代遗址（公元前5000—公元前3300年）中，有跨距达5～6m、联排6～7间的房屋，底层架空（图1-7，属于干栏式建筑形式），构件结点主要是绑扎结合，但个别建筑已使用榫卯结合。这种榫卯结合的方法代代相传，延续到后世，为以木结构为主流的中国古建筑开创了先例。

图1-5 洛阳王湾房屋遗址　　图1-6 浙江吴兴钱山漾遗址　　图1-7 浙江余姚河姆渡新石器时代遗址

随着生产力的发展，农业、手工业开始分工。大约公元前3000年起，在材料方面，开始出现经过烧制加工的瓦和砖；在构造方面，形成木构架、石梁柱、券拱等结构体系；在工程内容方面，有宫室、陵墓、庙堂，还有许多较大型的道路、桥梁、水利等工程；在工具方面，美索不达米亚（两河流域）和埃及在公元前3000年，中国在商代（公元前16—公元前11世纪），开始使用青铜制的斧、凿、钻、锯、铲等工具。后来，铁制工具逐步推广，并有简单的施工机械，也有了经验总结及形象描述的土木工程著作。公元前5世纪成书的《考工记》记述了木工、金工等工艺，以及城市、宫殿、房屋建筑规范，对后世的宫殿、城池及祭祀建筑的布局有很大影响。在一些国家或地区已形成早期的土木工程。

我国在公元前21世纪，传说中的夏代部落领袖禹用疏导方法治理洪水，挖掘沟洫进行灌溉。公元前5—公元前4世纪，在今河北临漳，西门豹主持修筑引漳灌邺工程，是中国最早的多首制灌溉工程。公元前3世纪中叶，在今四川灌县，李冰父子主持修建都江堰，解决围堰、防洪、灌溉以及水陆交通问题，是世界上最早的综合性大型水利工程（图1-8、图1-9），到现在还在发挥着防洪和灌溉的巨大作用。

图1-8 都江堰水利枢纽全景　　　　图1-9 都江堰水利枢纽近景

1.2.2 近代土木工程

从 17 世纪中叶到 20 世纪中叶第一次世界大战后的 300 余年被称为"近代土木工程阶段"。在这一时期，力学和结构理论、土木工程材料和施工技术等方面都有迅速的发展和重大的突破，土木工程开始逐渐形成一门独立的学科。尽管土木工程有关的基础理论已经出现，但就建筑物的材料和工艺看，仍属于古代的范畴，如我国 1694 年建造的雍和宫（图 1-10）、建于 1204 年的法国卢浮宫（图 1-11）、于 1631—1653 年在阿格拉建造的印度泰姬陵（图 1-12）、坐落在圣彼得堡宫殿广场上建于 1754—1762 年的俄罗斯冬宫（图 1-13）等。土木工程实践的近代化，还有待于产业革命的推动。1886 年，美国芝加哥建成 11 层家庭保险公司大厦（图 1-14），初次按独立框架设计，并采用钢梁，被认为是现代高层建筑的开端。1889 年法国巴黎建成高 300m 的埃菲尔铁塔（图 1-15），使用熟铁近 8000t。

图 1-10　北京雍和宫

图 1-11　法国卢浮宫

图 1-12　印度泰姬陵

图 1-13　俄罗斯圣彼得堡宫殿广场冬宫

图 1-14　芝加哥家庭保险公司大厦

图 1-15　法国巴黎埃菲尔铁塔

18 世纪下半叶是土木工程的进步时期，由于理论的发展，土木工程作为一门学科逐步建立起来。在这个时期土木工程的施工方法开始了机械化和电气化的进程。产业革命带来了交通方面土木工程的发展，铁路和公路的空前发展也促进了桥梁工程的进步。早在 1779 年英国就用铸铁建成跨度 30.5m 的拱桥（图 1-16）。1826 年英国 T·特尔福德用锻铁建成了跨度 177m 的麦内悬索桥（图 1-17），1850 年 R·斯裕芬森用锻铁和伯钢拼接成不列颠箱管桥（图 1-18），1890 年英国福斯湾建成两孔主跨达 521m 的悬臂式桁架梁桥（图 1-19）。现代桥梁的三种基本形式（梁式桥、拱桥和悬索桥）在这个时期相继出现了。

图 1-16　英国 1779 年建成跨度 30.5m 的铸铁拱桥

图 1-17　麦内悬索桥

图 1-18　不列颠箱管桥

图 1-19　英国福斯湾两孔主跨达 521m 的悬臂式桁架梁桥

　　第一次世界大战以后，近代土木工程发展到成熟阶段。这个时期的一个标志是道路、桥梁、房屋大规模建设的出现。钢铁质量的提高和产量的上升，使建造大跨桥梁成为现实。1918 年加拿大建成魁北克悬臂桥（图 1-20），跨度 548.6m；1937 年美国旧金山建成金门悬索桥（图 1-21），跨度 1280m，全长 2825m，是公路桥的代表性工程；1932 年澳大利亚建成悉尼港湾大桥（图 1-22），为双铰钢拱结构，跨度 503m。

　　工业的发达，城市人口的集中，使工业厂房向大跨度发展，民用建筑向高层发展。1931 年美国纽约帝国大厦（图 1-23）落成，共 102 层，高 378m，保持世界房屋最高纪录达 40 年之久。

图 1-20　魁北克悬臂桥

图 1-21　旧金山金门大桥

图 1-22　悉尼港湾大桥

图 1-23　美国纽约帝国大厦

1.2.3 现代土木工程

在第二次世界大战结束（1945 年）至今是现代土木工程阶段。随着经济的起飞，文明的进步，科学技术的迅速发展，现代土木工程使用的各种新材料、新结构、新技术和新工艺的涌现，工程设计理论的新进展，机械、信息、通信、计算机等技术的高速发展不仅为土木工程建设发展提供了良好的技术条件，也提供了强大的物资和需求基础。这一时期相继出现了高层和超高层摩天大楼、大规模核电站、新型大跨桥梁、海底隧道、高速公路、高速铁路、大型堤坝、海洋平台和填海造城工程等。现代土木工程形成了功能多样化、建设立体化、交通立体化、设施大型化的特点。由现代土木工程特点，使得构成土木工程的三个要素：材料、施工和理论，也都有了新的发展——建筑材料的轻质高强化，设施过程工业化、装配化，设计理论的精确化、科学化。

1. 建筑工程

19 世纪中叶钢材及混凝土在土木工程中开始使用，20 世纪 20 年代后期预应力混凝土的制造成功，使建造摩天大楼、大跨度建筑和跨海峡 1000m 以上的大桥成为可能。高层建筑成了现代化城市的象征。1974 年芝加哥建成高达 410m 的世界贸易中心（图 1-24，在 2001 年 "9·11" 恐怖袭击中被摧毁），我国上海中心大厦（图 1-25），高度为 632m，127 层，目前，世界上最高建筑是阿联酋的哈利法塔（图 1-26），总高度为 828m，162 层现代高层建筑由于设计理论的进步和材料的改进，出现了新的结构体系，如剪力墙、筒中筒结构等。

图 1-24 原世贸中心（美国纽约）　　图 1-25 上海中心大厦　　图 1-26 迪拜的哈利法塔

2. 桥梁工程

21 世纪以来，世界桥梁建设飞速发展，1998 年日本的东线明石海峡悬索大桥（图 1-27）建成，大桥跨度为 1990m，是目前世界跨度最大的悬索桥。我国建造的世界跨径第一的斜拉桥——苏通长江公路大桥工程项目（图 1-28），2010 年 10 月竣工验收，它比日本最大跨径的多多罗大桥长 200m 左右，创造了最大主跨、最深塔基、最高桥塔、最长拉索四项"世界纪录",中国工程项目首次获得美国土木工程协会 2010 年度土木工程杰出成就奖。世界上最大跨度的拱桥是我国重庆的朝天门长江大桥（图 1-29），跨度为 552m；排名第二的是上海的卢浦大桥，跨度为 550m。我国的桥梁建设发展迅速，有多座桥梁居世界同类型桥梁中跨度排名之首，如广州的丫髻沙大桥为跨度最大的中承式钢管混凝土拱桥。近几年，我国还修建了多个超长的跨海大桥，其中东海大桥长 32km，杭州湾大桥长 36km，胶州湾大桥长 42km，港珠澳大桥（图 1-30）长 49.968km。我国的桥梁工程建设水平已进入发达水平。

图 1-27　日本明石海峡悬索大桥

图 1-28　苏通长江公路大桥

图 1-29　重庆朝天门长江大桥

图 1-30　港珠澳大桥

3. 隧道工程

隧道修建在地下或水下或者在山体中，是铺设铁路或修筑公路供机动车辆通行的建筑物。根据其所在位置可分为山岭隧道、水下隧道和城市隧道三大类。随着高速公路、铁路建设的加速，新的施工技术的采用，大量的隧道工程随之出现。目前，除了修建陆地隧道外，大量的海底和江底隧道也已开始修建。例如，日本连接本州和北海道的青函海底隧道（图 1-31），长达 53850m，为当今世界最长的海底铁路隧道。英吉利海峡隧道（图 1-32）也称为英法海底隧道，它由三条长 51km 的平行隧洞组成，总长度 153km，其中海底段的隧洞长度为 3×38km，是世界第二长的海底隧道及海底段世界最长的铁路隧道。我国最长的公路隧道是秦岭终南山公路隧道（图 1-33），全长 18.02km，双洞总长 36.04km。

图 1-31　青函海底隧道

图 1-32　英吉利海峡隧道

图 1-33　秦岭终南山公路隧道

4. 公路、铁路和城市地下工程

我国在 1949 年以后，经历了国民经济恢复时期和规模空前的经济建设时期。我国公路铁路建设飞速发展，到 2015 年全国公路通车总里程 457.73 万 km，全国等级公路里程 404.63 万 km，其中，二级及以上公路里程 57.49 万 km，全国高速公路里程 12.35 万 km，是解放初期的 58 倍。到 2016 年年底，全国铁路营业里程达 12.4 万 km，其中高速铁路 2.2 万 km 以上，是 20 世纪 50 年代初的 6 倍多。

我国的地铁始建于 1965 年，有关轨道交通行业发展现状统计数据显示，截至 2014 年年底，我国内地已有北京、上海、广州、天津、重庆、南京、武汉、长春、深圳、大连、杭州、沈阳、成都、哈尔滨、西安、厦门、苏州、青岛、东莞、宁波、佛山、石家庄、郑州、长沙等 20 余个城市先后建成并开通运营城轨交通线路，总里程达 3137km。伴随着中国经济的腾飞，中国城市轨道交通产业正式步入了高速发展时期，同时，我国城市商业开发、服务设施和防控设施建设也在同步进行。我国地下管廊建设起步更晚，也就是近几年的事情，但是发展速度更快。据初步统计，2015 年中国 69 个城市在建的地下综合管廊约 1000km，总投资约 880 亿元。未来 3 年，中国将以包头、沈阳、哈尔滨等 10 个城市为试点，建设地下综合管廊 389km，总投资 351 亿元。目前我国管廊建设整体还处在施工建设的初步阶段，以政府试点工程为主，财政扶持额度达到总体投资 30% 左右，扶持力度较大。

5. 水利水电工程

水利水电工程建设方兴未艾，世界上最高的水坝位于塔吉克斯坦瓦赫什河的努列克大坝（图 1-34），大坝的建设始于 1961 年，完成于 1980 年，高 300m。我国自新中国成立后 50 年间全国兴建大中小水库 8.6 万座，水库总蓄水量 4580 亿 m³，建设和整修人江大河堤防 25 万 km，目前防洪工程发挥的经济效益达 7000 多亿元。在大坝建设方面，我国先后建成了青海龙羊峡大坝、贵州乌江渡大坝、四川二滩大坝等水利水电工程，2006 年建成的三峡水电站总装机容量达 2275 万 kW，目前是世界上发电量最大的水电站（图 1-35）。举世瞩目的南水北调工程东线和中线工程（由丹江口水库经河南、河北到北京，中线干渠全长 1277km，图 1-36）已经完工投入使用，西线工程也将会适时开工建设。

6. 特种结构工程

特种结构是指具有特种用途的工程结构，常见的有电视塔、烟囱、水塔等。以电视塔为例，电视塔一般具有微波传输功能并兼有观光的双重功能。目前，世界上最高的电视塔为波兰尔扎那电视塔，高度为 646.38m，其次为东京晴空塔，高 634m。近年来，我国也建设了许多电视塔。1995 年建成的上海东方明珠电视塔（图 1-37），高度 468m，已成为上海浦东地标性建筑。我国目前最高的电视塔是广州电视塔（图 1-38），于 2010 年建成，高度达 610m。

图 1-34 塔吉克斯坦努列克大坝

图 1-35 三峡水利枢纽

图 1-36 南水北调中线水渠照片

图 1-37 上海东方明珠电视塔

图 1-38 广州电视塔

土木工程是随着人类社会的发展而不断变化和进步的。现代生活水平的不断提高和科学的飞速发展，对土木工程提出了更新、更高的要求，需要我们不断努力，发展好现代土木工程事业。

1.3 土木工程专业的学习

土木工程专业学生主要学习力学、结构、施工、工程项目管理与工程经济等方面的基本理论和基础知识，接受力学分析、结构设计、施工技术与工程管理、文字图纸表达等方面的基本训练，掌握在土木工程项目勘察、设计、施工、管理等部门从事技术或管理工作的基本能力。

为了更好地学习土木工程，我们必须对土木工程有进一步的了解，要熟悉各种概念，培养自己的空间想象、逻辑思维和形象思维的能力，培养自己的制图、识图能力。此外，还应该多到工地实地学习，为将来打下扎实的基础。

土木工程专业 4 年学习，首先要明白本专业是要培养掌握工程力学、流体力学、岩土力学、结构力学的基本理论和基本知识，具备从事土木工程的项目规划、设计、研究开发、施工及管理的能力，能在房屋建筑、地下建筑、隧道、道路、桥梁、矿井等的设计、研究、施工、教育、管理、投资、开发部门从事技术或管理工作的高级工程技术人才。所以数学、物理、化学和计算机技术等自然科学基础知识对学好土木工程来说尤为重要！我们必须学好工程规划与选型、工程材料、工程测量、画法几何及工程制图、结构分析与设计、基础工程与地基处理、土木工程现代施工技术、工程检测与试验等方面的基本知识；了解工程防灾与减灾的基本原理与方法以及建筑设备、土木工程机械等基本知识。具有综合应用各种手段查询资料、获取信息的能力；具有经济合理、安全可靠地进行土木工程勘测与设计的能力；具有解决施工技术问题、编制施工组织设计和进行工程项目管理、工程经济分析的初步能力；具有进行工程检测、工程质量可靠性评价的初步能力；具有应用计算机进行辅助设计与辅助管理的初步能力；具有在土木工程领域从事科学研究、技术革新与科技开发的初步能力。成为能在房屋建筑、隧道与地下建筑、公路与城市道路、桥梁等领域的设计、施工、管理、咨询、监理、研究、教育、投资和开发部门从事技术或管理工作的高级工程技术人才。

土木工程师要对土木工程结构做出"设计"，土木工程结构的基本功能应具有两个方面：一是提供良好的为人类生活和生产服务以满足人类使用要求、审美要求；另一类是承受和抵御结构服役过程中可能出现的各种环境作用（环境是广义的，包括结构所承受的各种作用）。这里，将介绍设计中所涉及的因素和过程、设计的特点和理念等。

那么，怎样做才算是一名好的土木工程设计师呢？一般来说，要满足以下几个方面：

（1）接受过良好的土木工程学科和相关学科的教育，并训练有素；

（2）对其他相关学科具备一定的知识；

（3）不断地参与土木工程有关最新技术和知识的各种活动；

（4）很好的交际技能，包括口头、撰写、绘图和数字化方面。

由此可见，好的土木工程设计师不仅仅是会进行工程结构的计算以及算得如何精确，更重要的是要具备全局性、创造性和不断追求的精神与意识。

在土木工程项目设计中，工程师们起到了举足轻重的作用。一般首先要遇到如下因素：①所设计的结构要适合其使用目的；②结构是持久耐用的；③项目在预算的范围内；④项目在预定的时间内完成。

此外，工程师必须考虑造价和工期等。其中有建设施工方法和方式；所用材料的类型、数量、质量；对材料的特殊要求和施工的特殊要求；施工工地的环境与条件等各方面因素。这些虽然不是设计者在设计中要考虑的，但却是一项工程项目中必须考虑的因素。要设计并完成一个项目，常常需要承担巨大的工程责任，要掌握合适的信息，在适当的时候，尽可能地最小化超预算风险。

要成为一名优秀的设计者，就必须与时俱进，要不断进行学习。作为土木工程师，应该在工作中做到以下几个方面：要不断地适应社会变化；要不断地掌握技术的变化；要不断地知晓经济变化；要不断地了解环境的变化；要不断地参与职业学习；要从失败的教训中学习。

思考题

1. 根据对土木工程定义的理解，列举身边的土木工程项目。
2. 简述土木工程的发展史，并列举各时期的代表性建筑。
3. 通过文献查阅，了解国内外著名的土木工程案例的相关背景及社会、政治意义。
4. 您认为工程师应具备哪些素质？

第2章

土木工程材料

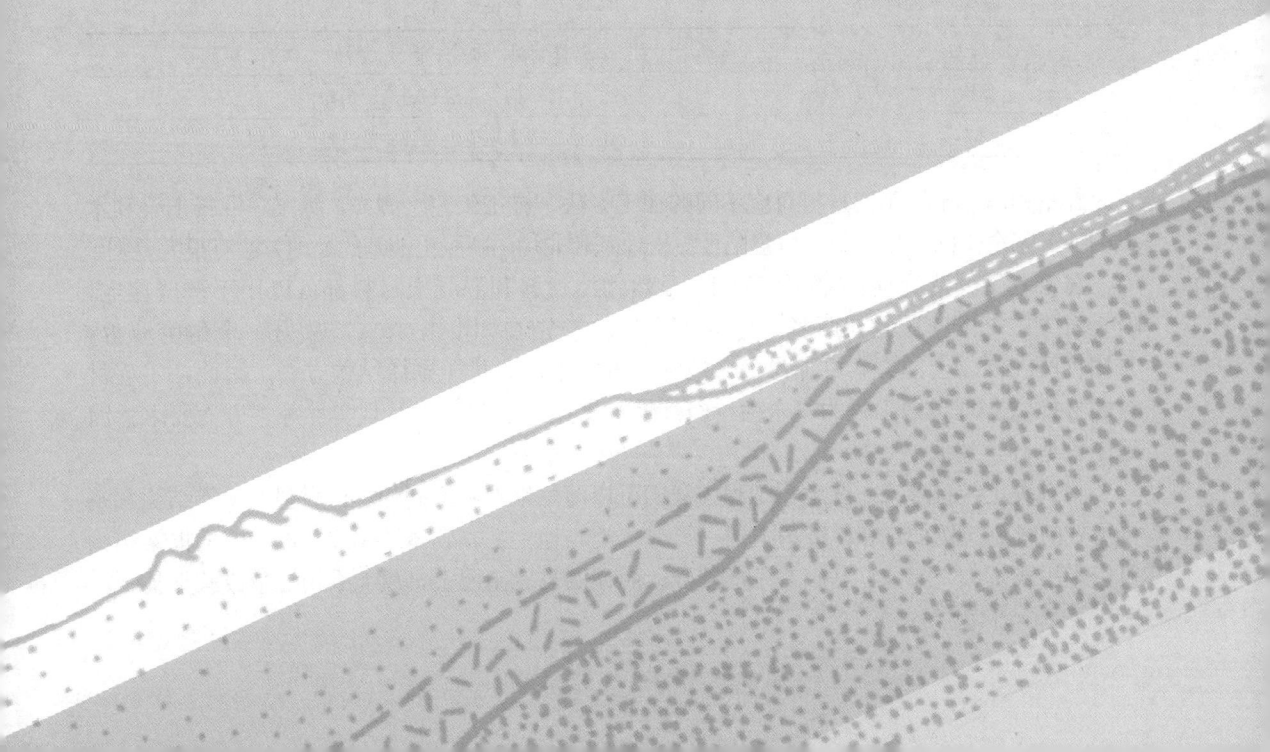

学习目标：

1. 深入理解土木工程材料的基本组成、结构特点及其对材料性能的影响；

2. 能够识别土木工程中常用的各类材料，了解其在不同工程结构（如桥梁、道路、建筑、隧道等）中的应用场景及优势劣势；

3. 关注土木工程材料领域的最新研究进展。

土木工程材料指与土木工程设计、施工、建设、维护相关联的各类材料的总称，主要包括：土、砂、石、砖、木、混凝土、金属材料、沥青、橡胶等高分子材料。土木工程材料有不同的分类方法，例如在建筑结构中，材料被分为墙体材料和功能性材料；在道路桥梁中，材料被分为路面材料和基底材料；砖、石、混凝土砌块因主要力学性能相近，统称为砌体材料；利用垃圾废料加工的建筑材料，称为再生材料；用于特殊环境、响应特殊工程需求的材料，称为特种材料；相比传统材料，近年研发推出的力学性能非常突出的新材料，称为新型高性能材料；环境友好、可再生利用的材料，称为绿色材料。

土木工程材料在土木工程各领域、各阶段都极为重要。

2.1 土木工程材料与工程结构的关系

土木工程材料的选择与土木工程设计方案、施工方案、工程经济性及使用性能密切相关。不同的工程材料限制了桥梁的跨度、建筑物的高度、道路的最大载重量及工程造价。石拱桥的单孔跨度通常不超过20m；而钢索拉结的悬索桥单跨跨度早已突破千米。1998年建成的日本明石大桥主跨为1991m；规划中的意大利墨西拿海峡大桥主跨达3300m；直布罗陀海峡大桥的设计主跨为5000m。我国沥青路面的最大载重量单轴不得超过10t；而混凝土浇筑的飞机跑道的飞机主轮竖向设计荷载根据飞机型号不同有很大差别，一般均超过20t。表2-1为建筑结构中常用的几种建筑材料的适用范围。

建筑材料的适用范围　　　　　　　　　　　　　表 2-1

砌体	多层住宅、旅馆等空间要求不大的房屋
混凝土	多高层住宅、公共性建筑（办公、商业、科研、教学、医院等）
钢	大跨结构、高层和超高层结构
木	单层或多层住宅和公共建筑等

在工程施工中，不同材料对应不同的加工方法、施工工艺。例如，钢梁、混凝土梁和木梁的加工完全不同；软土地基、湿陷性黄土地基和非均匀膨胀土地基的处理方法有很大差别。

材料对工程造价具有决定性影响。虽然砌体材料和混凝土材料都可以用于多层住宅，但是对7层以下的民宅，两者对应的工程造价差别在30%～40%。从另一个角度评价，采用钢筋和混凝土的方案更加昂贵，但它的抗震性能要优于砌体结构方案。因此，工程材料的选择应合理考虑工程的安全性、经济性、适用性、耐久性及现实性等多方面要求，因地制宜地科学选取。

材料决定结构形式。在地下工程中我们可以清楚地看到不同的土体材料对地下结构和基础形式的影响。例如：在承载力大的一类或二类场地土上，砌体结构或层数较低的框架结构可以采用浅基础，如独立基础或条形基础；而在四类软土层上，只能采用桩基或满堂基础。

材料决定工程寿命。在道路和交通中，能够看到不同材料对路面使用寿命的影响，见表 2-2。

路面结构的设计使用年限　　　　　　　　　　表 2-2

道路等级	沥青	水泥混凝土	混凝土砌块	石材
快速路	15	30	—	—
主干路	15	30	—	—
次干路	10	20	—	—
支路	8	15	10	20

在历史震害中，可以观察到不同材料对土木工程抗震性能的影响巨大。近年发生在我国的汶川地震和青海玉树地震中，发生震害的建筑物 80% 以上为砌体结构；混凝土结构的震害率约为 10%；而钢结构的震害率则低于 3%。

工程材料对土木工程的影响与材料本身的特性密切相关。下面，我们对土木工程中几种典型建筑材料的材料特性进行比较论述。

2.2　土木工程材料的主要属性、特点

土木工程材料属性有很多，有物理性质、化学性质、力学性质和功能性属性等。材料的物理性质和化学性质，又称为材料的基础属性。

材料的物理性质主要有密度、弹性模量、泊松比、孔隙率、含水率等；材料的化学性质主要包括化学组分、亲水性、憎水性、老化、锈蚀等。材料的基础属性对材料其他属性的影响，是材料科学中一个重要的研究方向。材料的基础属性常常决定了材料的分类。例如，按密度将石材分为重石和轻石；按含水率将土分为饱和土和非饱和土；按含碳量的高低将钢材分为了低碳钢、中碳钢和高碳钢。钢材中的化学组分决定了钢材是否会出现热脆或冷脆现象。

材料的力学性质指材料在各种荷载作用下的强度、变形及破坏性质。材料强度指单位面积上材料所能承受的最大荷载。材料的变形能力在工程中称为材料的塑性。变形能力差的材料，在破坏前没有预兆，无法预警和规避破坏导致的危害，被称为脆性材料。在同类材料中，强度和塑性似乎鱼与熊掌不可兼得。近年新开发的高强混凝土比普通混凝土强度高，但是塑性却变差；钢材也是如此。材料的抗疲劳能力指材料在动荷载反复作用下仍然能够正常使用的能力，通常用疲劳强度衡量。路面材料被车辆反复碾压，材料的抗疲劳能力决定了道路正常使用寿命。

土木工程材料的功能性属性主要有抗火性能、隔热性能、抗腐蚀性能等，是功能材料选择的依据。例如建筑中的抗火材料的选择首要关注的就是材料在高温下的热工性能；保温材料首要关注的是材料的导热系数。

在实际工程中，材料的选择是材料多个性能指标的平衡和材料性能与造价的平衡。例如，保温材料分为无机材料和有机材料两大类，无机材料的保温隔热性能低于有机材料，但是它阻燃、自身可承重，且价格低廉。

下面列出了几种工程中最常见的工程材料的突出特点。

2.2.1　砖、石

引例：中国现存最早的砖塔

嵩岳寺塔是中国现存最早的砖塔，见图 2-1。该塔建于北魏孝明帝正光元年（520年），距今已有 1500 多年的历史。

整个塔室上下贯通，呈圆筒状。全塔刚劲雄伟，轻快秀丽，建筑工艺极为精巧。该塔虽高大挺拔，但却是用砖和黄泥粘砌而成，塔砖小而且薄，历经千余年风霜雨露侵蚀而依然坚固不坏，至今保存完好，充分证明我国古代建筑材料及工艺之高超。嵩岳寺塔无论在建筑艺术，还是在建筑材料及技术方面，都是中国和世界古代建筑史上的一件珍品。

图 2-1　嵩岳寺塔

砖瓦的生产和使用在我国历史悠久，"秦砖汉瓦"表明我国古代的砖瓦制造水平已经很高，高品质材料使今人能得以目睹长城、嵩岳寺塔等存留千年的砖砌工程。黏土砖加工便利，生产成本低，具有较高的抗压强度和耐久性，因此从古至今的应用非常广泛。但是由于生产黏土砖要毁田取土、能耗高、砖自重大，施工中劳动强度高、工效低，因此我国目前推广使用工业废料制砖，如粉煤灰砖、炉渣砖和灰砂砖等；为降低砖自重，空心砖、多孔砖大量用于非承重构件中。砖砌结构的最大缺点是抗拉强度低，导致其在地震中破坏严重。组合砖砌体弥补了传统砖砌体的缺陷，使砖砌体的承重能力和建筑高度有了很大提升。

石材的特点与砖类似，只是抗压强度更高，耐磨性和耐久性更优良，然而价格偏高，自重更大，可用作桥基（图2-2）、路基和房屋基础。石材经加工后表面美观，富于装饰性，也是建筑中常用的装饰材料。

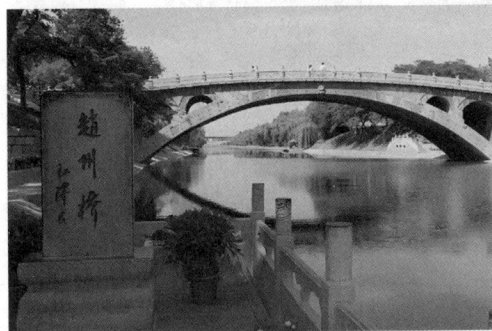

图2-2　赵州桥

工程实例分析：某砖混结构浸水后倒塌

现象：某县城于1997年7月8～10日遭受洪灾，某住宅楼底部自行车库进水，12日上午倒塌，墙体破坏后部分呈粉末状，该楼为五层半砖砌体承重结构。在残存北纵墙基础上随机抽取20块砖进行试验。自然状态下实测抗压强度平均值为5.85MPa，低于设计要求的MU10砖的抗压强度。从砖厂成品堆中随机抽取了砖测试，抗压强度十分离散，高的达21.8MPa，低的仅5.1MPa。请对其砌体材料进行分析讨论。

原因分析：该砖的质量差。设计要求使用MU10砖，而在施工时使用的砖大部分为MU7.5，现场检测结果砖的强度低于MU7.5。该砖厂土质不好，砖匀质性差。并且，砖的软化系数小，被积水浸泡过，强度大幅度下降，故部分砖破坏后呈粉末状。还需要说明的是，其砌筑砂浆强度低，粘结力差，故浸水后楼房倒塌。

2.2.2　木

引例：应县木塔

应县木塔建于辽清宁二年（公元1056年），至今已有近千年，是我国现存最高最古的一座木结构塔式建筑，如图2-3所示。

应县木塔的设计，大胆继承了汉、唐以来富有民族特点的重楼形式，充分利用传统建筑技巧，广泛采用斗栱结构，全塔共享斗栱54种，每个斗栱都有一定的组合形式，将梁、坊、柱结成一个整体，每层都形成了一个八边形中空结构层。设计科学严密，构造完美，巧夺天工，是一座既有民族风格、民族特点，又符合宗教要求的建筑，在我国古代建筑艺术中可以说达到了最高水平，即使现在也有较高的研究价值。另外一些专家指出，古代匠师在经济利用木料和选料方面所达到的水平，也令现代人为之惊叹。这座结构复杂、构件繁多、用料超过5000m³的木塔，所有构件的用料尺寸只有6种规格，用现代力学的观点看，每种规格的尺寸均能符合受力特性，是近乎优化选择的尺寸。

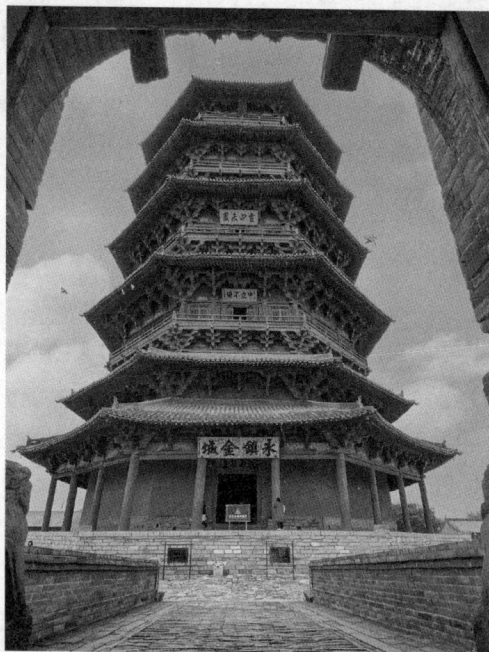

图 2-3　应县木塔

木材是一种古老的工程材料，坐落在杭州钱塘江畔的六和塔，至今已有千年历史。木材的力学性质非常独特，木材的顺纹（作用力方向与纤维方向平行）强度远高于横纹（作用力方向与纤维方向垂直）强度。因此，木材非常适合承受拉力和弯矩。木材轻质、高强，易于加工（如锯、刨、钻等），有较好的弹性和韧性，能承受冲击和振动作用，抗震性能优异，在日本被广泛应用。木材导电和导热性能低，可用作保温材料；木纹美丽，装饰性好。

但木材也有缺点，如构造不均匀、各向异性，易吸湿、吸水，因而产生较大的湿胀、干缩变形，易燃、易腐等。不过，这些缺点经过加工和处理后，可得到很大程度的改善。

工程实例分析：木地板腐蚀原因分析

概况：某邮电调度楼设备用房位于 7 楼现浇钢筋混凝土楼板上，铺炉渣混凝土 50mm，再铺木地板。完工后设备未及时进场，门窗关闭了一年。当设备进场时，发现木板大部分腐蚀，人踩即断裂。请分析原因。

原因分析：炉渣混凝土中的水分封闭于木地板内部，慢慢浸透到未做防腐、防潮处理的木搁栅和木地板中，门窗关闭使木材含水率较高。此环境条件正好适合真菌的生长，导致木材腐蚀。

2.2.3　混凝土和钢筋混凝土

引例：钢筋混凝土诞生漫谈

钢筋混凝土将钢筋的高韧性和混凝土的高强度结合在一起，性能优异，是目前应用最为广泛的土木工程材料。它是如何诞生的呢？这里面有一个有趣的故事。

水泥刚发明时，人们用水泥、砂和水配制成砂浆，凝固后成为人造石块。这种石块抗压强度很高，但抗拉强度只有抗压强度的十分之一，应用范围有限。

法国有一个叫蒙尼亚的园艺师，他在工作中需要经常搬动花盆，稍不留神就会打破泥瓦花盆。1867 年的一天，蒙尼亚突发奇想，他在花盆外箍上几道铁丝作保护；然后，在铁丝外抹上一层水泥砂浆，这样既可以掩盖铁丝，又可以防止铁丝生锈。蒙尼亚制造的花盆结实耐用，不易破碎，外观也不错，很受人们的欢迎。他为此申报了专利，自己也由一个园艺师变为花盆制造商。

到了 19 世纪末，俄国建筑师别列柳布斯基研究高层建筑时，迫切需要质量轻、强度高的新结构材料。他对蒙尼亚的发明作了仔细的考察，发现要应用于建筑领域，有两个问题必须解决：其一是水泥和砂子都太细小，耗材太多；其二是铁丝太细，容易被拉长断裂，受力不能太大。针对这两个问题，别列柳布斯基采取了两个措施：一是在水泥浆料中加入相当数量石块；二是用钢筋代替铁丝。他随即进行了试验，结果令人相当满意，钢筋混凝土正式诞生了。

1904 年，俄国用钢筋混凝土结构代替岩石结构建造了一个高数十米的灯塔，具有自重轻、建造成本低、抗气候变化能力强的优点，引起了世界建筑界的广泛赞誉，从此以后世界建筑史进入了钢筋混凝土的新纪元。

1. 混凝土的组成与结构

混凝土是由胶结材料、骨料及水按一定比例配制，经搅拌振捣成型，在一定条件下养护而成的人造石材。混凝土的种类很多。按胶凝材料不同，分为水泥混凝土（又称普通混凝土）、沥青混凝土、石膏混凝土及聚合物混凝土等；按密度不同，分为重混凝土、普通混凝土、轻混凝土；按使用功能不同，分为结构用混凝土、道路混凝土、水工混凝土、耐热混凝土、耐酸混凝土及防辐射混凝土等；按施工工艺不同，又分为喷射混凝土、泵送混凝土、振动灌浆混凝土等。

普通混凝土一般是由水泥、砂、石和水所组成，为改善混凝土的某些性能，还常加入适量的外加剂和掺合料。

混凝土的砂、石起骨架作用，故称为骨料或集料，限制了水泥石的变形，提高了混凝土的强度，增加了抗裂性等。水泥与水形成水泥浆，在硬化前起润滑作用，使拌合物便于施工；而在硬化后，将骨料胶结为一个坚固的整体。

2. 混凝土拌合物的性能

混凝土的各组成材料按一定比例配合，经搅拌均匀后、未凝结硬化前，称为混凝土拌合物，如图 2-4 所示。混凝土拌合物应便于施工，以保证能获得良好质量的混凝土。《普通混凝土拌合物性能试验方法标准》GB/T 50080—2016 规定了混凝土拌合物的试验方法，包括：坍落度试验及坍落度经时损失试验；扩展度试验及扩展度经时损失试验；维勃稠度试验；凝结时间试验等。

3. 硬化后混凝土的性能

混凝土的强度包括抗压、抗拉、抗弯、抗剪及握裹钢筋强度等，其中抗压强度最大，故工程上混凝土主要承受压力。而且，混凝土的抗压强度与其他强度间有一定的相关性，可以根据抗压强度的大小来估计其他强度值，因此混凝土的抗压强度是最重要的一项性能指标。

按照《混凝土结构设计标准》GB/T 50010—2010，混凝土强度等级应按立方体抗压强度标准值确定。立方体抗压强度标准值系指按标准方法制作和养护的边长为 150mm 的

图 2-4 混凝土拌合物

立方体试件，在 28d 龄期用标准试验方法测得的具有 95% 保证率的抗压强度。普通混凝土强度等级划分为 C15、C20、C25、C30、C35、C40、C45、C50、C55、C60、C65、C70、C75 和 C80。混凝土强度等级是混凝土结构设计、施工质量控制和工程验收的重要依据。

混凝土具有抗压强度高、耐久性好、强度等级范围宽等优点。同时，它原料丰富、生产工艺简单、价格低廉，因而其用量越来越大。但是，混凝土本身具有自重大、抗拉强度低、易开裂等缺点。

工程实例分析：氯盐防冻剂锈蚀钢筋

现象：北京某旅馆的一层钢筋混凝土工程在冬期施工，为使混凝土防冻，在浇筑混凝土时掺入水泥用量 3% 的氯盐。建成使用两年后，在 A 柱柱顶附近掉下一块直径约 40mm 的混凝土碎块。停业检查事故原因，发现除设计有失误外，其中一个重要原因是在浇筑混凝土时掺加的氯盐防冻剂，它不仅对混凝土有影响，而且腐蚀钢筋，观察底层柱破坏处钢筋，纵向钢筋及箍筋均已生锈，原直径 $\phi 6$ 的钢筋锈蚀后仅为 $\phi 5.2$。锈蚀后较细及稀的箍筋难以承受柱端截面上纵向筋侧向压屈所产生的横拉力，使得箍筋在最薄弱处断裂。钢筋断裂后的混凝土保护层易剥落，混凝土碎块下落。

防治措施：施工时加氯盐防冻，应同时对钢筋采取相应的阻锈措施。该工程因混凝土碎块下落，引起了使用者的高度重视，停业卸去活荷载，并对症下药地对现有柱进行外包钢筋混凝土的加固措施，使房屋倒塌事故得以避免。

2.2.4 钢材

引例：广州市海珠桥的钢材

广州市海珠桥始建于 1933 年，全长 356.57m，主桥全长 182.90m，南北两跨对称分布，见图 2-5。2004 年，提供建造海珠桥钢材的英国企业向广州市政部门发来传真，提醒有关部门注意，这些钢材是从当时英国的一座旧钢桥上拆卸下来的，所以就其寿命计算，海珠桥所使用的钢材预计已有百年历史，已经进入疲劳期。如果继续使用则需要进行疲劳强度的测试，并根据测试结果进行加固等。至 2012 年，高龄的海珠桥进行了大修，以恢复 1950 年的历史原貌为基础，把原中跨 100 多年前的英国钢材换成新钢件，并把原钢结构作为文物放进了博物馆。

土木工程常用钢种如下。

图 2-5　广州市海珠桥

1. 按化学成分分类

1) 碳素钢

分为：低碳钢（含碳量小于 0.25%）；中碳钢（含碳量 0.25%～0.6%）；高碳钢（含碳量大于 0.6%）。

2) 合金钢

分为：低合金钢（合金元素总含量小于 5%）；中合金钢（合金元素总含量 5%～10%）；高合金钢（合金元素总含量大于 10%）。

2. 按脱氧程度分类

1) 沸腾钢

仅用弱脱氧剂锰铁进行脱氧，是脱氧不完全的钢。钢水浇入锭模后，产生大量的 CO 气体外溢，引起钢水剧烈沸腾，故称为沸腾钢。沸腾钢组织不够致密，气泡含量较多，化学偏析较大，成分不均匀，质量较差，但成本较低。用 F 表示。

2) 镇静钢

用一定数量的硅、锰和铝等脱氧剂进行彻底脱氧，钢水浇筑后平静地凝固，基本无气泡产生，故称镇静钢。镇静钢质量好，组织致密，化学成分均匀，力学性能好，但成本高。主要用于承受冲击荷载或其他重要结构。用 Z 表示。

3) 半镇静钢

其脱氧程度及钢的质量介于上述两者之间。用 b 表示。

3. 按质量分类

1) 普通钢

含硫量介于 0.055%～0.065%；含磷量介于 0.045%～0.085%。

2) 优质钢

含硫量介于 0.03%～0.045%；含磷量介于 0.035%～0.040%。

3) 高级优质钢

含硫量介于 0.02%～0.03%；含磷量介于 0.027%～0.035%。

4. 按用途分类

1) 结构钢

建筑工程用结构钢、机械制造用结构钢。

2) 工具钢

用于制作刀具、量具、模具等。

3) 特殊钢

不锈钢、耐酸钢、耐热钢、耐磨钢、磁钢等。

土木工程用的钢材是指用于钢结构的各种型材（如圆钢、角钢、工字钢等）、钢板、管材和用于钢筋混凝土中的各种钢筋、钢丝等。

19 世纪初，人类开始将钢材用于建造桥梁和房屋。到 19 世纪中叶，钢材的品种、规格、生产规模大幅度增长，强度不断提高，钢材的切割和连接等加工技术也大为发展，为建筑结构向大跨重载方向的发展奠定了重要基础。

与石材、混凝土等材料相比，钢材抗拉、抗压强度都很高，且具有良好的变形能力和易加工性能。钢结构的抗震性能极为优越。由于强度高，使钢结构构件的截面尺寸相比其他材料可以更长、更高，也更纤细，大大扩展了现代工程的跨度和高度，使现代工程呈现出轻盈、灵动的视觉感观。

钢材的缺点是易锈蚀，因此需要做好钢结构的防锈防腐养护。火灾中钢材会软化，"9·11" 事件中倒塌的美国纽约世贸大厦就是由于飞机撞击起火，导致钢材软化、结构倒塌。因此，钢结构的防火同样重要。

工程实例分析：质量差的铝合金门窗

概况：某住宅铝合金窗使用两年后变形，隔声效果及气密性差。经检测，其铝含量高达 99.5%，请分析原因。

分析讨论：纯铝虽轻，但强度、硬度都较低，需要加入锰、镁等合金元素后，才可以合成铝合金，才能获得较高的强度和硬度。此铝合金窗使用两年后就变形，一方面是其材质较差，另一方面是型材的厚度不足。

2.2.5 合成高分子建筑材料

引例：铝塑板的发展

高分子材料及其复合材料在土木工程中已得到广泛应用，世界上用于土木工程中的塑料约占土木工程材料用量的 11%，估计还会增加。高分子材料本身还存在一些缺陷。若与其他材料复合，可扬长避短，在土木工程中得到更好的应用。如塑钢门窗、聚合物混凝土、塑钢管道、塑铝管道等复合材料在土木工程中的应用，已显示出优势。其中，铝塑板这种高分子复合材料在土木工程中的应用发展是一个典例。

20 世纪 60 年代，为满足运输行业对材料轻、薄、表面质量好，以及提高成型性能从而减少加工成本的要求，德国技术人员利用工字钢原理发明了铝塑复合板。铝塑板是以塑料为芯层，外贴铝板的三层复合板材，并在表面施加装饰材料或保护性涂层。铝塑复合板以其质量轻、装饰性强、施工方便的特点，在国内外得到广泛应用。而其本身的质量也在不断提高、发展。

在 20 世纪 80 年代，随着各项建筑规范更加苛刻和严格，德国、瑞士及法国等发达国家对以聚乙烯为芯材的复合板的防火性能提出了疑问，并规定了使用高度的限制。为适应市场的新要求，于1990年又开发出达到不燃级防火的铝塑复合板。该产品在任何国家都没有使用高度上的限制要求。

铝塑板（图2-6）的发展历史，正是一个建材产品不断创新、不断完善的历程。我们可以从中得到许多有益的启示。

合成高分子材料是由人工合成的高分子化合物组成的材料。应用于土木工程中主要的合成高分子材料有塑料、橡胶、化学纤维、建筑胶和涂料等。高分子化合物又称高分子聚合物（简称高聚物），高聚物是组成单元相互多次重复连接而构成的物质，因此其分子量很大，但化学组成都比较简单，都是由许多低分子化合物聚合而形成的。

图2-6　铝塑板

高分子建筑材料由于其轻质、柔韧、防腐、可塑等诸多优点，被广泛应用于工程建筑中，典型代表有沥青、塑料等。沥青在土木工程中被广泛用作防腐材料、粘结材料和路面材料。塑料制成的管材，被用于市政各级管线中；塑料与钢材、铝材结合，成为门窗等建筑构件的主要生产材料。

工程实例分析：某住宅楼装修甲醛超标

概况：某住宅楼购买了一批由酚醛树脂作胶粘剂的胶合板进行室内装修，装修经检测室内甲醛含量严重超标。

原因分析：胶合板通常是由酚醛树脂作胶粘剂，在热压的条件下使树脂固化，制成胶合板。酚醛树脂属于热固型胶粘剂，是由尿素和甲醛反应而成。但是，一些胶合板生产企业为了追求产量和效益，在生产酚醛树脂时甲醛用量偏多，或胶合板生产时热压时间过短，或热压温度过低造成胶合板残余甲醛含量过高，导致使用过程中胶合板中不断有甲醛释放出来，污染环境。

2.3　日新月异的土木工程材料

20世纪出现的高分子材料、新型金属材料和各种复合材料，使土木工程的功能和外观发生了根本性的变革，一方面在不断改进提升材料属性，一方面在不断推陈出新。轻质混凝土、高强混凝土、高性能混凝土、纤维混凝土、特殊性能混凝土、高强钢材、绿色建材已经从试验室走进实际工程。

土木工程材料的发展可概括为：

（1）轻质高强材料的应用方式、使用范围和功能在不断拓展完善。已被广泛应用的有陶粒混凝土、泡沫混凝土、发泡砖、轻钢构件和充气膜等。

（2）绿色建材变废为宝，循环利用，环境友好。绿色材料是指在原料采取、产品制造、使用或者再循环以及废料处理等环节中对地球环境负荷最小和有利于人类健康的材料。绿色建材的基本特征是：建材生产尽量少用天然资源，大量使用尾矿、废渣、垃圾等废弃物；采用低能耗、无污染环境的生产技术；在生产中不得使用甲醛、芳香族、碳氢化合物等，不得使用铅、镉、铬及其化合物制成的颜料、添加剂和制品；产品不仅不损害人体健康，而且有益于人体健康；产品具有多种功能，如抗菌、灭菌、除霉、除臭、隔热、保温、防火、调温、消磁、防射线、抗静电等功能；产品可循环和回收利用，无污染废弃物，以防止造成二次污染。

（3）智能工程材料的研发。智能材料是 20 世纪 90 年代迅速发展起来的一类新型复合材料。智能材料是具有感知环境（包括内环境和外环境）刺激，对其进行分析、处理、判断，并采取一定的措施进行适度响应智能特征的材料。在土木工程中已投入使用的有：形状记忆合金、压电陶瓷、智能玻璃、光纤和电磁流变液等。

（4）工程材料生产加工的工业化和产品化。顺应工业化要求，工程材料也在向着商品化、成品化方向发展，如商品混凝土、预制构件、集成阻尼器等。工程材料所关注的已不仅仅是材料本身，还有生产、服务、与先进技术和新型机械的深度融合等。

目前，被热捧的 3D 打印建筑材料已完全不同于传统建筑材料，3D 打印的材料具有普通建材所没有的快速凝结性能、触变性能、竖直堆积性能等。

材料结构功能一体化、功能材料智能化、材料与器件集成化、制备及应用过程绿色化，正在成为材料研发的重要方向。

工程综合实例分析：热弯夹层纳米自洁玻璃

现象：在长春市最古老的商业街——长江路，以热弯夹层自洁玻璃作采光棚顶。

分析讨论：该玻璃充分利用纳米 TiO_2 材料的光催化活性，把纳米 TiO_2 镀于玻璃表面。在阳光照射下，可分解黏附在玻璃上的有机物，并在雨、水冲刷下自洁。

思考题

1. 常用材料的选用原则和方法有哪些？如何决策？
2. 工程中常用建筑材料的合格性检验、判定方法有哪些？
3. 你还知道有哪些新型建筑材料？用于什么地方？
4. 自学写出混凝土材料从制备、使用到变成建筑垃圾的全寿命变化历程。

第3章
地基与基础

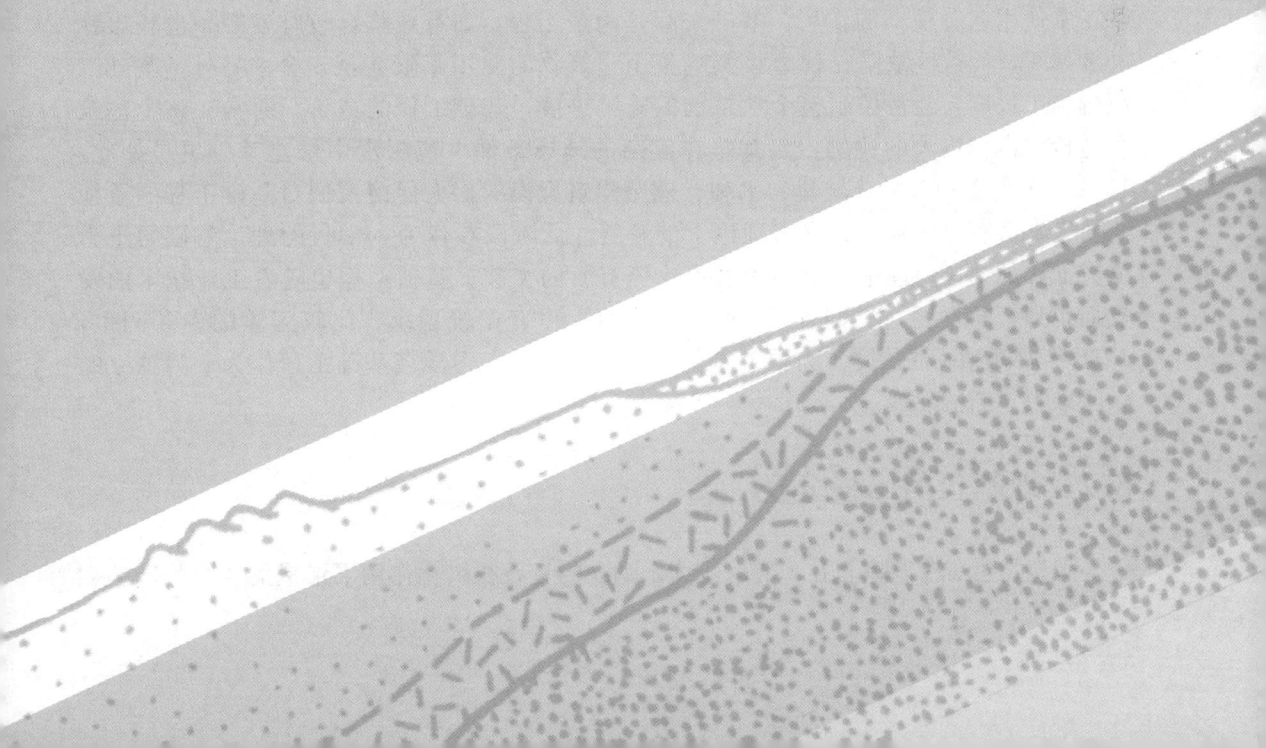

学习目标：

1. 了解地基、基础的概念及在建筑工程中的重要性；
2. 了解地基土的形成并掌握土的工程分类；
3. 知悉工程勘察内容及勘探方法的应用；
4. 掌握常见的浅基础类型及选型；
5. 掌握桩基础的作用及类型并了解沉井基础的构造；
6. 掌握地基处理的目的和几种常见的地基处理方法。

3.1 概述

任何建筑物都建造在一定的地层上，建筑物的全部荷载都由它下面的地层来承担。一般而言，将承受建筑物各种作用的地层称为地基；而将建筑物与地基接触的最下部分，也就是将建筑物的各种作用传递至地基的结构物称为基础，如图 3-1 和图 3-2 所示。

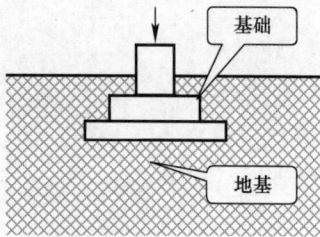

1—下部结构；2—基础；3—地基；4—桥台；5—桥墩；6—上部结构

图 3-1 建筑结构地基与基础示意图   图 3-2 桥梁结构各部分立面示意图

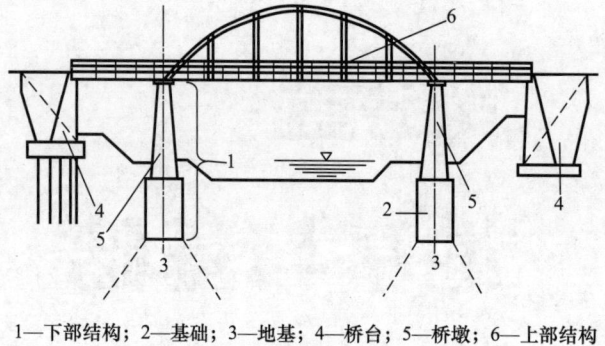

工程实践表明，建筑物地基与基础的设计和施工质量的优劣，对整个建筑物的质量和正常使用起着根本的作用。基础工程是隐蔽工程，如有缺陷，较难发现，也较难弥补和修复，而这些缺陷往往直接影响整个建筑物的使用年限甚至安全。另外，基础工程的施工进度，经常控制整个建筑物的施工进度；基础工程的造价，通常在整个建筑物造价中占相当大的比例，尤其是在复杂的地质条件下或深水中修建基础更是如此。18 世纪产业革命以后，城建、水利、道路建筑规模的扩大促使人们对基础工程的重视与研究，对有关问题开始寻求理论上的解答。此阶段在作为本学科的理论基础的土力学方面，如土压力理论、土的渗透理论等有新的突破，基础工程也随着工业技术的发展而得到新的发展。20 世纪 20 年代，基础工程有比较系统、比较完整的专著问世，1936 年召开第一届国际土力学与基础工程会议后，土力学与基础工程作为一门独立的学科取得不断的发展。

3.2 地基土的工程分类

建筑物建造在地基土上，土是连续、坚固的岩石在风化作用下形成的大小悬殊的颗粒,经过不同的搬运方式,在各种自然环境中生成的沉积物。

3.2.1 土的生成

在漫长的地质年代中,由于各种内力和外力地质作用形成了许多类型的岩石和土。岩石经风化、搬运、沉积生成土,而土历经压密固结、胶结硬化也可再生成岩石,见图 3-3。

土的物质成分包括作为土骨架的固态矿物颗粒、孔隙中的水及其溶解物质以及气体。因此,土是由颗粒(固相)、水(液相)和气(气相)所组成的三相体系,见图 3-4。

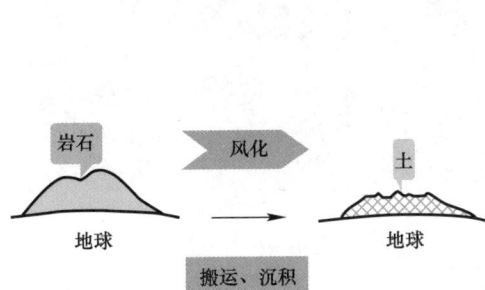

图 3-3 土的形成

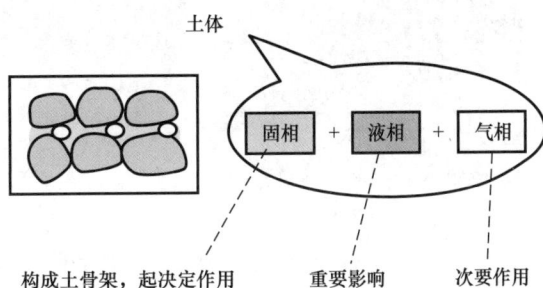

图 3-4 图的组成

在土木工程中,土是指覆盖在地表上碎散的、没有胶结或胶结较弱的颗粒堆积物。地球表面的整体岩石在大气中经受长期的风化作用而破碎后,形成形状不同、大小不一的颗粒(图 3-5)。这些颗粒受各种自然力的作用,在各种不同的自然环境下堆积下来,就形成通常所说的土。堆积下来的土,在很长的地质年代中发生复杂的物理化学变化,逐渐压密、岩化,最终形成岩石,就是沉积岩或变质岩。因此,在自然界中,岩石不断风化破碎形成土,而土又不断压密、岩化而变成岩石。这一循环过程,永无止境地重复进行着。

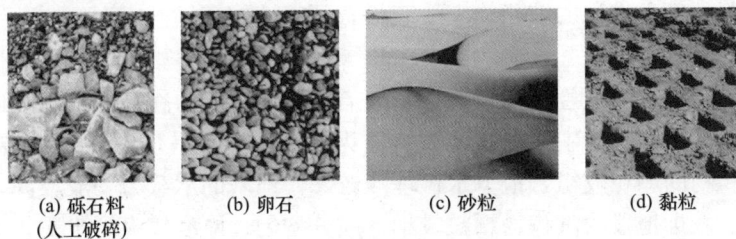

(a) 砾石料
(人工破碎)

(b) 卵石

(c) 砂粒

(d) 黏粒

图 3-5 各种颗粒

工程上遇到的大多数土都是在第四纪地质历史时期内所形成的。第四纪地质年代的土又可划分为更新世和全新世两类:更新世为 1.3 万～71 万年;而全新世为小于 0.25 万～1.3 万年。在有人类文化期以来所沉积的土,称为新近代沉积土。

第四纪土,由于其搬运和堆积方式的不同,可分为残积土和运积土两大类。土具有各种各样的成因,不同成因类型的土具有不同的分布规律和工程地质特征。下面简单介绍几种成因类型。见图 3-6。

(a) 残积土　　　　　　　　　(b) 冲积土　　　　　　　　(c) 海相沉积土

(d) 冰积土　　　　　　　　　(e) 坡积土　　　　　　　　(f) 风积土

图 3-6　土的成因

1. 残积土

残积土是指残留在原地未被搬运的那一部分原岩风化剥蚀后的产物。残积土与基岩之间没有明显的界限，一般是由基岩风化带直接过渡到新鲜基岩。残积土的主要工程地质特征为：没有层理构造，均质性很差，因此土的物理力学性质很不一致；颗粒一般较粗且带棱角，孔隙度较大，作为地基易引起不均匀沉降。

2. 坡积土

坡积土是由于雨雪水流的地质作用，将高处岩石风化产物缓慢地洗刷剥蚀、沿着斜坡向下逐渐移动、沉积在平缓的山坡上而形成的沉积物。坡积土的主要工程地质特征为：常常发生沿下卧基岩倾斜面滑动；土颗粒粗细混杂，土质不均匀，厚度变化大，作为地基易引起不均匀沉降；新近堆积的坡积物土质疏松，压缩性较高。

3. 洪积土

洪积土是由暂时性山洪急流挟带着大量碎屑物质堆积于山谷冲沟出口或山前倾斜平原而形成的沉积物。洪积土的主要工程地质特征为：洪积土常呈现不规则交错的层理构造，靠近山地的洪积物的颗粒较粗，地下水位埋藏较深，地基的承载力一般较高，常为良好的天然地基；离山较远地段的洪积物颗粒较细、成分均匀、厚度较大、土质较为密实，一般也是良好的天然地基。

4. 冲积土

冲积土是江、河流水的地质作用剥蚀两岸的基岩和沉积物，经搬运与沉积在平缓地带而形成的沉积物。这种土由于经过较长距离的搬运，浑圆度和分选性都更为明显，常形成砂层和黏性土层交叠的地层。冲积物可分为平原河谷冲积物、山区河谷冲积物和三角洲冲积物。

5. 湖泊沼泽沉积土

沉积土在极为缓慢的水流或静水条件下沉积形成的堆积物。这种土的特征，除了含有细微的颗粒外，常伴有由生物化学作用所形成的有机物的存在，成为具有特殊性质的淤泥或淤泥质土，其工程性质一般都较差。

6. 海相沉积土

由水流挟带到大海沉积起来的堆积物。颗粒细，表层土质松散，工程性质较差。

7. 冰积土

由冰川或冰水挟带搬运所形成的沉积物，颗粒粗细变化也较大，土质也不均匀。

8. 风积土

由风力搬运形成的堆积物，颗粒均匀，往往堆积层很厚而不具有层理。我国西北的黄土就是典型的风积土。

3.2.2 土的工程分类

土的工程分类是把不同的土分别安排到各个具有相近性质的组合中去，目的是使人们有可能根据同类土已知的性质去评价其工程特性，或为工程师提供一个可供采用的描述与评价土的方法。土的工程分类是工程设计的前提，也是工程地质勘察与评价的基本方法。

《建筑地基基础设计规范》GB 50007－2011 和《岩土工程勘察规范》GB 50021－2001 分类体系的主要特点是在考虑划分标准时，注重土的天然结构特征和强度，并始终与土的主要特征——变形和强度特征紧密联系。因此，首先考虑了按沉积年代和地质成因的划分，同时将某些特殊形成条件和特殊工程性质的区域性特殊土与普通土区别开来。

这种分类方法的体系比较简单，按照土颗粒的大小、粒组的土颗粒含量把地基土分成碎石土、砂土、粉土、黏性土和人工填土。按我国《土的工程分类标准》GB/T 50145－2007，碎石土和砂土属于粗粒土，粉土和黏性土属于细粒土。粗粒土按粒径级配分类，细粒土则按塑性指数分类。

1. 岩石

岩石为颗粒间连接牢固、呈整体或具有节理裂隙的地质体。作为建筑物地基，除应确定岩石的地质名称外，尚应按规定划分其坚硬程度、完整程度、节理发育程度、软化程度和特殊性岩石。

岩石的坚硬程度应根据岩块的饱和单轴抗压强度标准值 f_{rk}，分为坚硬岩、较硬岩、较软岩、软岩和极软岩 5 个等级。当缺乏有关试验数据或不能进行该项试验时，可按表 3-1 定性分级。根据完整性指数，可分为完整、较完整、较破碎、破碎和极破碎 5 个等级（表 3-2）。岩石的风化程度可分为未风化、微风化、中风化、强风化、全风化 5 个等级。岩石按软化系数，可分为软化岩石和不软化岩石。当软化系数等于或小于 0.75 时，应定为软化岩石；大于 0.75 时，定为不软化岩石。

岩石坚硬程度分级 表 3-1

坚硬程度类别	坚硬岩	较硬岩	较软岩	软岩	极软岩
饱和单轴抗压强度标准值 f_{rk}（MPa）	$f_{rk}>60$	$60 \geqslant f_{rk}>30$	$30 \geqslant f_{rk}>15$	$15 \geqslant f_{rk}>5$	$f_{rk} \leqslant 5$

岩体完整程度划分 表 3-2

完整程度等级	完整	较完整	较破碎	破碎	极破碎
完整性指数	>0.75	0.75～0.55	0.55～0.35	0.35～0.15	<0.15

注：完整性指数为岩体纵波波速与岩块纵波波速之比的平方。

当岩石具有特殊成分、特殊结构或特殊性质时，应定为特殊性岩石，如易溶性岩石、膨胀性岩石、崩解性岩石、盐渍化岩石等。

2. 碎石土

粒径大于 2mm 的颗粒含量大于 50% 的土，属碎石土。根据粒组含量和颗粒形状，可细分为漂石、块石、卵石、碎石、圆砾和角砾，具体见表 3-3。

碎石土的分类（按《建筑地基基础设计规范》GB 50007—2011）　　表 3-3

名称	颗粒形状	粒组的颗粒含量
漂石 块石	圆形及亚圆形为主 棱角形为主	粒径大于 200mm 的颗粒含量超过全重的 50%
卵石 碎石	圆形及亚圆形为主 棱角形为主	粒径大于 20mm 的颗粒含量超过全重的 50%
圆砾 角砾	圆形及亚圆形为主 棱角形为主	粒径大于 2mm 的颗粒含量超过全重的 50%

注：分类时应根据粒组含量栏从上到下以最先符合者确定。

3. 砂土

粒径大于 2mm 的颗粒含量在 50% 以内，同时粒径大于 0.075mm 的颗粒含量超过 50% 的土，属砂土。砂土根据粒组含量不同又分为砾砂、粗砂、中砂、细砂和粉砂五类，具体见表 3-4。

砂土的分类　　表 3-4

土的名称	粒组的颗粒含量
砾砂	粒径大于 2mm 的颗粒含量占全重的 25%~50%
粗砂	粒径大于 0.5mm 的颗粒含量超过全重的 50%
中砂	粒径大于 0.25mm 的颗粒含量超过全重的 50%
细砂	粒径大于 0.075mm 的颗粒含量超过全重的 85%
粉砂	粒径大于 0.075mm 的颗粒含量超过全重的 50%

注：分类时应根据粒组含量栏从上到下以最先符合者确定。

4. 粉土

粒径大于 0.075mm 的颗粒含量小于 50% 且塑性指数小于等于 10 的土，属粉土。该类土的工程性质较差，如抗剪强度低、防水性差、黏聚力小等。

5. 黏性土

粒径大于 0.075mm 的颗粒含量在 50% 以内，塑性指数大于 10 的土，属黏性土。黏性土根据塑性指数的大小，可细分为黏土和粉质黏土，具体见表 3-5。

黏性土的分类　　表 3-5

土的名称	塑性指数	土的名称	塑性指数
黏土	$I_p > 17$	粉质黏土	$17 \geqslant I_p > 10$

6. 人工填土

人工填土根据其组成和成因，可分为素填土、压实填土、杂填土、冲填土。

素填土为由碎石土、砂土、粉土、黏性土等组成的填土。经过压实或夯实的素填土为压实填土。杂填土为含有建筑垃圾、工业废料、生活垃圾等杂物的填土。冲填土为由水力冲填泥沙形成的填土。

7. 其他特殊土

特殊土包括软土、多年冻土、湿陷性土、膨胀土等。

3.3　工程地质勘察

工程地质勘察，是土木工程建设的基础工作，其目的是通过调查、测绘，勘探、测试等各种手段和方法，查明场地的地形地貌情况、地质构造情况、岩体的空间分布状态及不良地质现象；研究分析岩土体的强度、变形特性；查明、研究并分析场地及与场地安全性相关的邻近区域的水文地质条件；评价建筑工程场地的适宜性和稳定性，为工程的设计、施工提供所需的工程地质资料。

工程地质勘察的任务是运用工程地质学的理论和方法，正确处理工程建筑与自然环境之间的关系，充分利用有利的工程地质条件，避免或改造不利的工程地质条件，以保证工程建筑的稳定、安全、经济和正常使用。

3.3.1　工程地质勘察的主要内容

1. 场地与地基的稳定性、地层结构、持力层与下卧层的工程特点、土的应力历史和地下水条件及不良地质作用等
2. 提供满足设计施工需要的岩土参数，确定地基承载力，预测地基变形性状
3. 提出地基基础、基坑支护、工程降水和地基处理设计与施工方案的建议
4. 提出对建筑物有影响的不良地质作用的防治方案建议
5. 对于抗震设防烈度等于或大于 6 度的场地，进行场地与地基的地震效应评价

3.3.2　工程地质勘探

工程地质勘探是勘察过程中查明地质情况的重要手段之一，是对地表以下工程地质条件进行了解、确定的过程。通过取得岩土试样，对场地的工程地质条件进行定量分析而进行的勘察工作。

常用的工程地质勘探手段有开挖勘探、钻孔勘探和地球物理勘探。在勘察时，应根据勘察的目的及岩土的特性综合使用。

1. 开挖勘探

开挖勘探就是用人工或简易机械对地层浅部土层挖掘坑、槽，以便直接观察岩土层的天然状态以及各地层之间的接触关系，并能取出原状土样进行分析试验的勘探方法。它的优点是成本低、工具简单、进度快、能取得直观资料；缺点是劳动强度大、勘探深度浅，且易受自然条件的限制。

在工程地质勘探中，常用的开挖勘探有坑探（图 3-7）、槽探、井探、洞探等几种类型，见表 3-6。

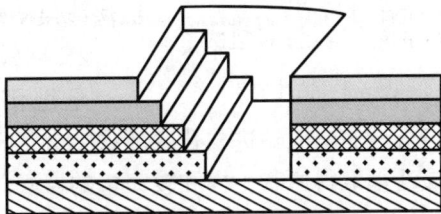

图 3-7　坑探示意图

工程地质开挖勘探类型　　　　　　　　　　　　　　　表 3-6

类型	特点	用途
探坑	由地表向下挖掘的方形或圆形坑，深度 2～3m	局部剥除地表覆土，揭露基岩，确定地层岩性，载荷试验，渗水试验，取原状土样
浅井	从地表垂直向下的圆形或方形井，深 5～15m	确定覆盖层及风化层的岩性厚度，取原状样，了解地层构造及断裂带
探槽	垂直于岩层或构造线走向挖掘成宽 0.6～1.0m、深 2～3m 的长槽	追索构造线、断层、探查残积坡积层，风化岩石的厚度和岩性
竖井	形状与浅井相似，但深度可超过 20m，一般在平缓山坡、漫滩、阶地等岩层较平缓的地方，有时需支护	了解覆盖层厚度及性质、构造线、岩石破碎情况、岩溶、滑坡等，岩层倾角较缓时效果较好
平洞	在地面有出口的水平坑道，深度较大，适用较陡的基岩岩坡	调查斜坡地质构造，对查明地层岩性、软弱夹层、破碎带、风化岩层时效果较好，还可取样或作原位试验

2. 钻孔勘探

钻孔勘探简称钻探，是通过钻机在地层中打孔，通过采取岩芯或观察孔壁来探明深部地层的工程地质资料的勘探方法。并可在孔中预定位置采取土样，用以测定土的物理力学性质，此外也可直接在钻孔内对地层进行原位测试。钻探是工程地质勘察中最常用的一类重要勘探手段。它可以获得深部地层的可靠地质资料，但钻探费用较高，一般是在挖探不能达到目的时采用。

钻孔的直径、深度和方向取决于钻孔的用途及钻探地点的地质条件。钻孔的直径一般为 75～150mm，但在一些大型建筑物的工程地质钻探时，孔径往往大于 150mm，有时可达 500mm。钻孔的深度由数米至上百米。钻孔的方向一般为垂直向下，也有打成倾斜的钻孔，在地下工程中也有打成水平甚至垂直向上的钻孔。

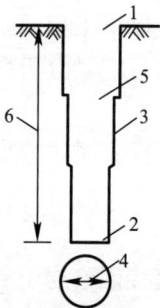

钻孔的要素如图 3-8 所示。钻孔的上面口径较大，越往下越小，呈阶梯状。钻孔的上口称孔口，底部称孔底，四周侧部称孔壁。钻孔断面的直径称孔径；由大孔径改为小孔径，称为换径。从孔口到孔底的距离，称为孔深。

工程地质钻探，根据钻进时破碎岩土的方法分为冲击钻、回转钻、冲击回转钻、振动钻等几种。

1）冲击钻

是利用钻具的重力和冲击力，使钻头冲击孔底以破碎岩石。该法能保持较大的钻孔口径，但难以取得完整的岩芯。

2）回转钻

1—孔口；2—孔底；3—孔壁；4—孔径；5—换径；6—孔深

图 3-8　钻孔要素

是利用钻具回转，用钻头的切削刃或研磨材料削磨岩土，可分孔底全面钻进与孔底环状钻进（岩心钻进）两种。工程地质勘探广泛采用岩心钻进，该法能取得原状土样和较完整的岩心。在土质地层中钻进时，有时为了有效、完整地揭露标准地层，还可以采用勺形钻头或提土钻钻头进行钻进。

3）冲击回转钻

也称综合钻进，钻进过程是在冲击与回转综合作用下进行的，它综合了前两种钻进方法的优点，以达到提高钻进效率的目的。它是在钻进过程中，对钻头施加一定的动力，对岩土产生冲击作用，使岩石的破碎速度加快，破碎粒度比回转剪切粒度增大。同时，由于冲击力的作用使硬质钻头刻入岩石的深度增加，在回转中将岩石剪切掉。这样就大大提高了钻进效率。适用于各种不同的地层，能采取岩心，在工程地质勘探中应用也较广泛。

4）振动钻

是利用机械动力所产生的振动力，通过连接杆及钻具传到钻头周围的土层中，由于振动器高速振动的结果，使土层的抗剪强度急剧降低，借振动器和钻具的重量切削孔底土层，达到钻进的目的。它的钻进速度快，但主要适用于土层及粒径较小的碎石、卵石层。

3. 地球物理勘探

地球物理勘探（图3-9）简称物探，它是根据各种岩石之间的密度、磁性、电性、弹性、放射性等物理性质的差异，选用不同的物理方法和物探仪器，测量工程区地球物理场的变化，以了解其水文地质和工程地质条件的勘探和测试方法。物探是一种先进的勘探方法，它的优点是效率高、成本低，仪器和工具较轻便，能勘察地质构造和测定地层各种物理参数等。合理、有效地使用物探，可以提高地质工作质量、加快勘探进度、节省勘探费用。因此，在勘探工作中应积极采用物探。

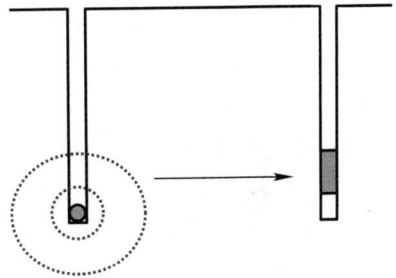

图 3-9　地球物理勘探原理示意图

物探按其所利用的土、石物理性质的不同，可分为电法勘探、地震勘探、声波探测、磁法勘探、触探与测井等。

1）电法勘探

简称电探，是通过测定土、石导电性的差异，来判断地下地质情况的一种物探方法。在具备如下条件时，电法勘探能取得较好的效果。地层之间具有一定的导电差异，所测地层具有一定的长度、宽度和厚度，相对的埋藏深度不太大；地形比较平坦，游散电流与工业交流电等干扰因素不大。电探的种类很多，经常使用的有电阻率法、充电法、激发极化法和自然电场法等。

电探主要用于确定基岩深度、岩层分界线位置，地下水流向、流速及寻找滑坡的滑动面等。

2）地震勘探

地震勘探，是近代发展变化最快的物探方法之一。它的原理是利用人工激发的地震波在弹性不同地层内的传播规律来勘探地下的地质情况。在地面某处激发的地震波向地下传播时，遇到不同弹性的地层分界面就会产生反射波或折射波返回地面，用专门的仪器可记录这些波，分析所得记录的特点，如波的传播时间、振动形状等。通过专门的计算或仪器处理，能够较准确地测定这些界面的深度和形态，判断地层的岩性。

地震勘探适用于探测覆盖层厚度，岩层埋藏深度及厚度，断层破碎带位置及产状等；还可以根据弹性波的传播速度，推断岩石某些物理力学性质、裂隙和风化发育情况等。

3）声波探测

声波探测是利用声波段在岩体（岩石）中的传播特性及其变化规律，测试岩体（岩石）的物理力学性质。利用在应力作用下岩体（岩石）的发声特性，还可以对岩体进行稳定性监测。

3.4 天然地基上的浅基础

地基基础是建筑物结构的重要组成部分，对建筑物的安全使用也起着至关重要的作用。基础的方案选择和布置要适合上部建筑的结构形式及承载能力要求，同时也要做到安全可靠、施工方便和经济合理。地基可分为天然地基与人工地基。直接承接基础的天然土层称为天然地基；若天然地层土质过于软弱或者有不良土质问题，需要经过人工加固或处理后才能修筑基础，这种地基称为人工地基。基础根据埋置深度分为浅基础和深基础。将埋置深度较浅（一般不超过5m或者埋深小于基础的宽度）的基础称为浅基础；由于土质不良，需将基础置于较深的强度较高的土层上，且计算承载力时应考虑基础侧壁摩擦力的影响，这样的基础称为深基础（通常大于5m）。

1. 浅基础按受力特点分类

天然地基浅基础根据受力条件及构造，可分为刚性基础和柔性基础两大类。

1）刚性基础

刚性基础具有非常大的抗弯刚度，受荷到地基反力时不发生挠曲。因此，原来是平面的基底，沉降后仍然保持为平面。如果基础的合力通过基底形心，则沿基底的沉降处处相同。而当作用偏心时，沉降后基底为一倾斜平面。当基础在外力（包括基础自重）作用下，基底承受着强度为 σ 的反力，基础的悬出部分（图 3-10b）即 a-a 断面左端，相当于承受着强度为 σ 的均布作用的悬臂梁，在荷载作用下，a-a 断面将产生弯曲拉应力和剪应力。当基础坏工具有足够的截面使材料的容许应力大于由地基反力产生的弯曲拉应力和剪应力时，a-a 断面不会出现裂缝，这时，基础内不需配置受力钢筋，这种基础称为刚性基础。它是桥梁、涵洞和房屋建筑常用的基础类型。其形式有刚性扩大基础、柱下单独基础、条形基础等。

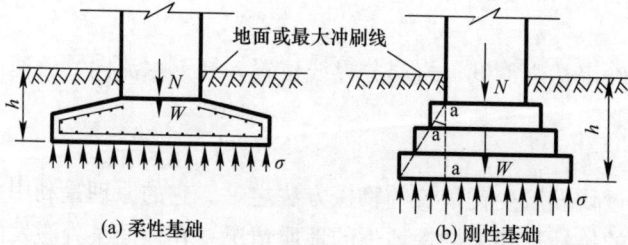

图 3-10 柔性基础和刚性基础示例

刚性基础的特点是稳定性好、施工简便，能承受较大的作用。所以，只要地基基础强度能满足要求，它是桥涵、房屋、公共设施等结构物首先考虑的基础形式，如图 3-10 （b）所示。它的主要缺点是自重大，并且在持力层为软弱土时，由于基础底面积受到一定的限制，需要对地基进行处理或加固后才能采用，否则会因所受的压力超过地基强度而影响结构物的正常使用。因此，对于作用大、上部结构对差异变形量较为敏感的结构物，当持力层土质较差又较厚时，刚性基础是不适宜的。

2）柔性基础

理论上的柔性基础好比放在地基上的柔软薄膜，可以随着地基的变形而任意弯曲。基础上任一点的荷载传递到基底时不可能向旁扩散，就像直接作用在地基上一样。所以，基底反力分布与作用于基础上的荷载分布一致。在实际工程中，这样的基础是不存在的。工程上的柔性基础是指钢筋混凝土基础，如图 3-10（a）所示。

柔性基础整体性能较好，抗弯刚度较大。如筏板和联合基础在外力作用下只产生均匀沉降或整体倾斜，这样对上部结构产生的附加应力比较小，基本上消除了由于地基沉降不均匀引起结构损坏的影响。所以，在土质较差的地基上修建高层建筑时，采用这种基础形式是适宜的。但上述基础形式的钢筋和水泥用量较大，施工技术要求也较高，采用时应与其他基础方案（如桩基础）比较后再行确定。

2. 浅基础按基础构造形式分类

1）柱下独立基础

当地基土质状况比较好，建筑物上部结构采用框架结构或排架结构时，基础通常采用多边形式的独立式基础。这类基础称为柱下独立式基础，也称单独基础。柱下独立基础分三种：阶形基础、坡形基础和杯形基础（图 3-11）。

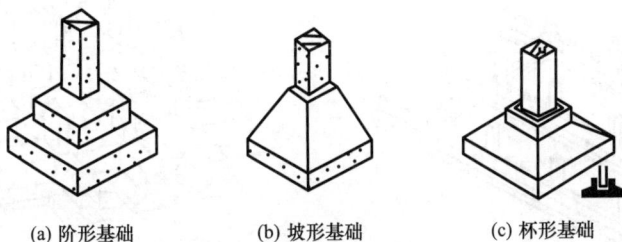

(a) 阶形基础   (b) 坡形基础   (c) 杯形基础

图 3-11 柱下独立基础

独立基础一般设在柱下，材料通常采用钢筋混凝土、素混凝土等。当柱为现浇时，独立基础与柱子是整浇在一起的；当柱子为预制时，通常将基础做成杯口形，然后将柱子插入，并用细石混凝土嵌固，此时称为杯口基础。独立基础比较适用于中心受压的受力状态。当柱子根部有弯矩作用时，一般在设计中会有独立基础之间加设拉梁，依靠拉梁来承担弯矩作用。

2）墙下条形基础（图 3-12）

条形基础是指基础长度远远大于宽度的一种基础形式。按上部结构，分为墙下条形基础和柱下条形基础。基础的长度大于或等于 10 倍基础的宽度。条形基

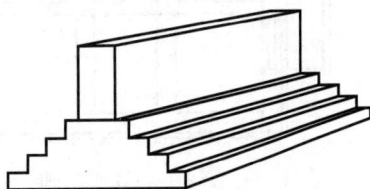

图 3-12 墙下条形基础

础的特点是，布置在一条轴线上且与两条以上轴线相交，有时也和独立基础相连，但截面尺寸与配筋不尽相同。墙下条形基础有刚性条形基础和钢筋混凝土条形基础两类。刚性条形基础在砌体结构中得到广泛的应用。当基础受到的荷载较大而地基承载力较低，需要加大基础的宽度，但又无条件增加基础的高度和埋置深度，此时考虑采用钢筋混凝土条形基础。

3）柱下条形基础（图 3-13）和联合基础

支承同一方向或同一轴线上若干根柱的长条形连续基础，称为柱下条形基础。这种基础采用钢筋混凝土为材料，它将建筑物所有各层的荷载传递到地基处，故本身应有一定的尺寸和配筋量，造价较高。但这种基础的抗弯刚度较大，因而具有调整不均匀沉降的能力，可使各柱的竖向位移较为均匀。联合基础是指相邻两柱的公共基础，又称双柱联合基础，它具有柱下条形基础的某些性能。柱下条形或联合基础可在下述情况下采用：

（1）柱荷载较大或地基条件较差，如采用单独基础，可能出现过大的沉降时；

（2）柱距较小而地基承载力较低，则相邻基础间的净距很小且相邻荷载影响较大时；

（3）相邻建筑物或场地的限制，使边柱偏心，则需要与内柱做成联合或连续基础时；

（4）十字交叉基础（图 3-14）。

如果地基松软且在两个方向分布不均，需要基础两个方向具有一定的刚度来调整不均匀沉降，则可在柱网下沿纵横两个方向设置钢筋混凝土条形基础，从而形成柱下交叉梁基础。这是一种较复杂的浅基础，造价比柱下条形基础高。

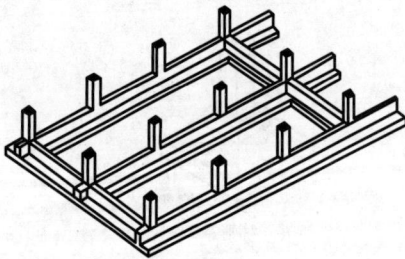

图 3-13　柱下条形基础

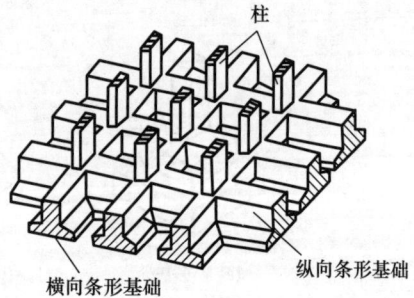

图 3-14　十字交叉基础

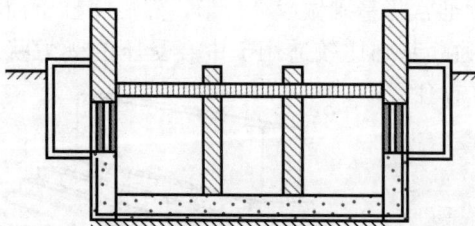

图 3-15　筏形基础

5）筏形基础（图 3-15）

当柱下交叉梁基础面积占建筑物平面面积的比例较大，或者建筑物在使用上有要求时，可以在建筑物的柱、墙下方做成一块满堂的基础，即筏形基础。筏形基础由于其底面积大，故可减小地基上单位面积的压力；同时，也可提高地基土的承载力，并能更有效地增强地基的整体性，调整不均匀沉降。

6）箱形基础（图 3-16）

箱形基础是由钢筋混凝土底板、顶板和纵横内外墙组成的整体空间结构。箱形基础具有很大的抗弯刚度，只能产生大致均匀的沉降或整体倾斜，从而基本上消除了因地基变形而使建筑物开裂的可能。箱形基础内的空间常用作地下室。这一空间的存在，减少了基础底面的压力，如不必降低基底压力，则相应可增加建筑物的层数。箱形基础的钢筋、水泥用量很大，施工技术要求也高。

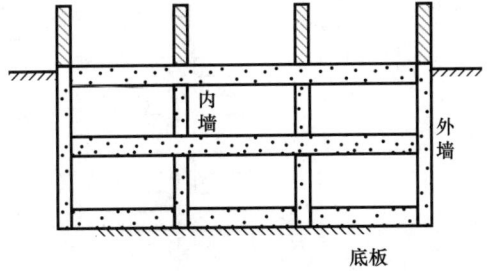

图 3-16　箱形基础

3.5　深基础

深基础是埋深较大、以下部坚实土层或岩层作为持力层的基础，其作用是把所承受的荷载相对集中地传递到地基的深层；而不像浅基础那样，是通过基础底面把所承受的荷载扩散分布于地基的浅层。因此，当建筑场地的浅层土质不能满足建筑物对地基承载力和变形的要求，而又不适宜采取地基处理措施时，就要考虑采用深基础方案了。深基础的类型有桩基础、墩基础、地下连续墙和沉井基础等，本章主要介绍桩基础和沉井基础。

3.5.1　桩基础

1. 桩基础的作用

桩基础是一种古老的基础形式，是借助于土中的桩，将承台和上部结构的荷载传到深层土中的一种基础形式。如图 3-17 所示。早在史前时期人们为了穿越河谷和沼泽区就使用了木桩。在距今 7000 年前的浙江河姆渡遗址中，就发现古人已经采用木桩支承房屋。北京的御河桥、上海的龙华塔、西安的灞桥都是我国古代使用木桩的例子。

近年来，桩的使用越来越广泛，桩的形式也有较大发展。特别是 20 世纪 80 年代以来，我国经济建设和土木工程建筑得到迅速发展，使得桩的技术也有很大进展。据不完全统计，近 20 年我国每年所用的各种桩达数千万根。

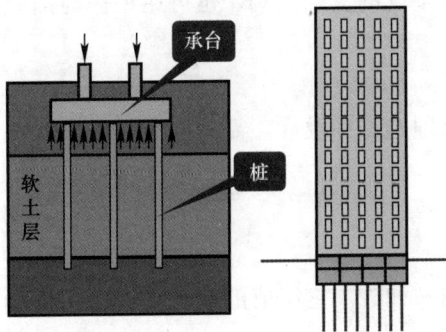

图 3-17　桩基础

所谓桩是指垂直或者稍倾斜布置于地基中，其断面积相对其长度是很小的杆状构件。桩的功能是通过杆件的侧壁摩阻力和端部阻力将上部结构的荷载传递给深处的地基土，如图 3-18（a）所示。

虽然桩基础一般比天然地基的浅基础造价要高，但它可以大幅度提高地基承载力，减少沉降，还可以承担水平荷载和向上拉拔荷载，有较好的抗震（振）性能，所以应用很广泛。目前，桩基础主要用于以下方面。

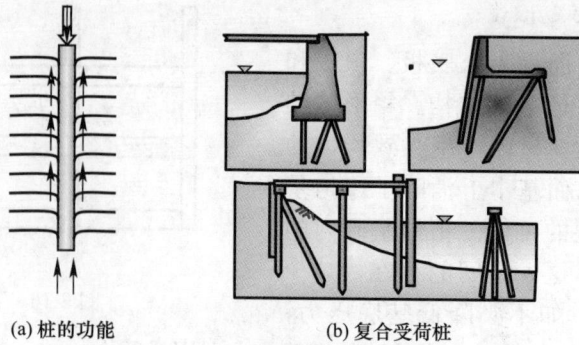

(a) 桩的功能   (b) 复合受荷桩

图 3-18　桩

（1）上部荷载很大，只有在较深处才有能满足承载力要求的持力层情况；

（2）为了减少基础的沉降或不均匀沉降，利用较少的桩将部分荷载传递到地基深处，从而减少基础沉降，按沉降控制设计，这种桩基础称为减沉复合疏桩基础；

（3）当设计基础底面比天然地面高或者基础底部的土可能被冲蚀，形成承台与地基土不接触的高承台桩基；

（4）有很大的水平方向荷载情况，如风、浪、水平土压力、地震荷载和冲击力等荷载，可采用垂直桩、斜桩或交叉桩承受水平荷载；

（5）地下水位较高，加深基础埋深需要进行深基坑开挖和人工降水，这可能不经济或者对环境有不利影响，这时可考虑采用桩基础；

（6）在水的浮力作用下，地下室或地下结构可能上浮，这时用桩抗浮承受上拔荷载；

（7）在机器基础情况下，可用桩基础控制地基基础系统振幅、自振频率等；

（8）用桩穿过湿陷性土、膨胀性土、人工填土、垃圾土、淤泥、沼泽土和可液化土层等，可保证建筑物的稳定。

除以上情况使用桩基础以外，目前桩还广泛用于基坑的支挡结构，也可用桩作为锚固结构，还有用于滑坡治理的抗滑桩等。

2. 桩的分类

为了明确桩基础的特点，能够因地制宜地进行合理选用和设计，需要按不同的角度和标准对桩进行分类。

1）按桩的使用功能分类

按桩的使用功能，可以分为如下四类：

（1）竖向抗压桩：这是使用最广泛、用量最大的一种桩。它组成的桩基础可以提高地基承载力和（或）减少地基沉降量。

（2）竖向抗拔桩：例如，抗浮桩。随着大跨度轻型结构（如机场停机坪）和浅埋的地下结构（如地下停车场）的大量兴建，这类桩的使用也越来越广泛，并且用量往往很大。在单桩竖向静载试验中使用的锚桩也承受拉拔荷载。

（3）水平受荷桩：主要承受水平荷载，最典型的是抗滑桩和基坑支挡结构中的排桩。

（4）复合受荷桩：其竖向、水平荷载均较大。例如，码头、挡土墙、高压输电线塔和在强地震区中的高层建筑基础中的桩，也都承受较大的竖向及水平荷载。根据水平荷载的性质，这类桩也可设计成斜桩和交叉桩，如图 3-18（b）所示。

2）竖向抗压桩按承载性状分类

竖向抗压桩一般是通过桩身的摩阻力和桩端的端承力将荷载传到承台以下较深层地基土中去的。图 3-18（a）为竖向抗压桩荷载传递的示意图。按照桩身摩阻力和桩端端承力的比例，可分为摩擦型桩和端承型桩两大类（图 3-19）。

（1）摩擦型桩：可分为摩擦桩和端承摩擦桩两种。摩擦桩是指在承载能力极限状态下桩顶竖向荷载基本由桩侧阻力承受，端阻力小到可以忽略不计。端承摩擦桩是指在承载能力极限状态下，桩顶竖向荷载主要由桩侧阻力承受，是一种最常用的桩。

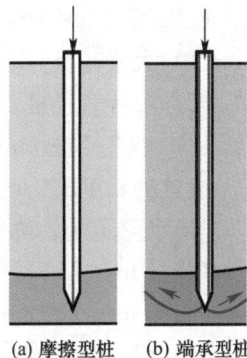

(a) 摩擦型桩　(b) 端承型桩

图 3-19　竖向抗压桩

（2）端承型桩：可分为端承桩和摩擦端承桩两种。端承桩是指在承载能力极限状态下桩顶竖向荷载基本由桩端阻力承受，桩侧阻力小到可以忽略不计。摩擦端承桩是指在承载能力极限状态下桩顶荷载主要由桩端阻力承受。

3）按桩身材料分类

木桩是最古老的桩材，但是由于资源的限制，及其易于腐蚀和不易接长等缺点，目前已很少使用。所以，现代的桩按材料可分为以下三类：

（1）混凝土桩：一般均由钢筋混凝土制作。按照施工制作方法，又可分为灌注桩和预制桩。预制桩又可分为现场预制和工厂预制两种，后者要经受运输的考验。预制桩还可分为预应力桩和非预应力桩。使用高强水泥和钢筋制作的预应力桩，具有很高的桩身强度。

（2）钢桩：按照断面形状，可分为钢管桩、钢板桩、型钢桩和组合断面桩。钢桩较易打入土中，由于挤土少，故对地层扰动小，但是造价较高、抗腐蚀性差，需要做表面防腐处理。

（3）组合材料桩：这类桩种类很多，并且不断地有新类型出现。比如，作为抗滑桩时，在混凝土中加入大型工字钢承受水平荷载；在用深层搅拌法制作的水泥墙中内插入 H 型钢，形成地下连续墙。最近在我国，研究人员在水泥土中插入高强度钢筋混凝土桩作为劲芯，所形成的桩承载能力高于一般的灌注桩。另外一种复合载体夯扩桩则是在桩端夯入砖石，其上夯入干硬性混凝土，再浇筑钢筋混凝土桩身，应用很广泛。

4）按成桩方法分类

（1）非挤土桩：非挤土桩的特点是预先取土成孔，成孔的方法是用各种钻机钻孔或人工挖孔。由于人工挖孔环境会受到一定的限制，通常在地下水位以上。钻孔可以在水上，也可在水下。水下钻孔需要对井孔护壁，通常采用泥浆护壁。即在井孔中注入泥浆，并保持泥浆水位高于地下水位 1～2m，以确保井壁的稳定。

（2）挤土桩：挤土桩主要是指预制桩。施工方法：将预制桩用锤击、振动或者静压的方法植入地基土中，这样就将桩身所占据的地基土挤到桩的四周了。在合适的土层（如饱和度不高的可挤密土层中），也可将管底有活动瓣门的封闭套管打入地基土中，成孔后边拔管边浇筑混凝土。这样形成的桩，称为挤土的灌注桩。

（3）部分挤土桩：开口的沉管取土灌注桩，先预钻较小孔径的钻孔（称为引孔），然后打入预制桩、敞口管桩等，都属于部分挤土桩。

5）按桩的几何特性分类

桩的几何尺寸和形状差别很大，因此对桩的承载性状有较大的影响，在这方面也可从不同的角度进行分类。

按桩径 d 的不同，桩可分为以下三类：

(1) 大直径桩：$d \geqslant 800mm$；

(2) 中等直径桩：$250mm < d < 800mm$；

(3) 小直径桩：$d \leqslant 250mm$。

按桩的长度 L，可分为如下四类：

(1) $L \leqslant 10m$，称为短桩；

(2) $10m < L \leqslant 30m$，称为中长桩；

(3) $30m < L \leqslant 60m$，称为长桩；

(4) $L > 60m$，称为超长桩。

6）按桩的几何形状分类

按桩的纵向形状，可分为柱式桩、楔式桩；按桩端是否有扩底，可分为扩底桩和非扩底桩；按桩的横断面，可分为方形桩、三角形桩、圆形桩和圆筒形桩等。

3.5.2　沉井基础

沉井是一种井筒状结构物，是依靠在井内挖土，借助井体自重及其他辅助措施而逐步下沉至预定设计标高，最终形成的建筑物基础的一种深基础形式。

1. 沉井基础的特点

占地面积小，不需要板桩围护，与大开挖相比较，挖土量少，对邻近建筑物的影响比较小，操作简便，无需特殊的专业设备。近年来，沉井的施工技术和施工机械都有很大改进。

2. 沉井基础的应用

(1) 上部荷载较大，而表层地基土的容许承载力不足，扩大基础开挖工作量大，以及支撑困难，但在一定深度下有好的持力层，采用沉井基础与其他深基础相比较，经济上较为合理时；

(2) 在山区河流中，虽然土质较好，但冲刷大或河中有较大卵石不便桩基础施工时；

(3) 岩层表面较平坦且覆盖层薄，但河水较深；采用扩大基础施工围堰有困难时。

3. 沉井基础类型

按材料，分为混凝土、钢筋混凝土、钢、砖、石、木等。

按平面形状，分为圆形、方形、矩形、椭圆形、圆端形、多边形及多孔井字形等，如图 3-20 所示。

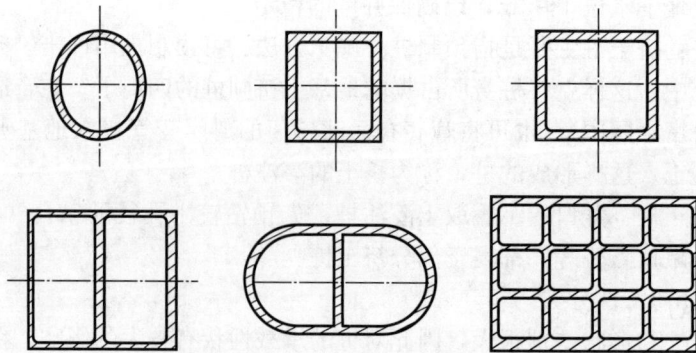

图 3-20　沉井基础类型

4. 沉井构造

由井壁（侧壁）、刃脚、内隔墙、井孔、封底和顶盖板等组成，如图 3-21 所示。

1）井壁

井壁是沉井的主要部分，应有足够的厚度与强度，以承受在下沉过程中各种最不利荷载组合（水土压力）所产生的内力，同时要有足够的重量，使沉井能在自重作用下顺利下沉到设计标高。

2）刃脚

井壁最下端一般都做成刀刃状的"刃脚"，其主要功用是减少下沉阻力。刃脚还应具有一定的强度，以免在下沉过程中损坏。

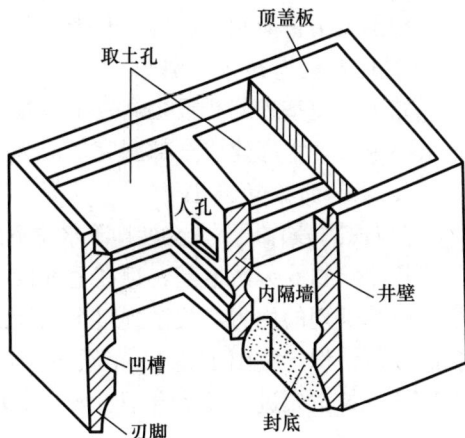

图 3-21　沉井构造示意图

3）内隔墙

根据使用和结构上的需要，在沉井井筒内设置内隔墙。内隔墙的主要作用是增加沉井在下沉过程中的刚度，减小井壁受力计算跨度。同时，又把整个沉井分隔成多个施工井孔（取土井），使挖土和下沉可以较均衡地进行，也便于沉井偏斜时的纠偏。

4）井孔

沉井内设置的内隔墙或纵横隔墙或纵横框架形成的格子称作井孔，井孔尺寸应满足工艺要求。

5）射水管

当沉井下沉深度大，穿过的土质又较好，估计下沉会产生困难时，可在井壁中预埋射水管组。射水管应均匀布置，以利于控制水压和水量来调整下沉方向。

6）封底及顶盖板

当沉井下沉到设计标高，经过技术检验并对井底清理整平后，即可封底，以防止地下水渗入井内。为了使封底混凝土和底板与井壁间有更好的连接，以传递基底反力，使沉井成为空间结构受力体系。常于刃脚上方井壁内侧预留凹槽，以便在该处浇筑钢筋混凝土底板和楼板及井内结构。

3.6　地基处理

3.6.1　地基处理的目的和意义

各类建筑物的地基需要解决的技术问题，可概括为下列四个方面：

1. 地基的强度与稳定性

若地基的抗剪强度不足以支承上部荷载时，地基就会产生局部剪切或整体滑动破坏。它将影响建筑物的正常使用，甚至成为灾难。

2. 地基的变形

当地基在上部荷载作用下，产生严重沉降或不均匀沉降时，就会影响建筑物的正常使用，甚至发生整体倾斜、墙体开裂、基础断裂等事故。

3. 地基的渗透与溶蚀

如水库地基渗漏严重，会发生水量损失。北京郊区房山区一座水库，地基为卵石，渗透系数很大，水库建成全部漏完，成为一座空坝。

4. 地基的振动液化

在强烈地震作用下，会使地下水位下的松散粉细砂和粉土产生液化，使地基丧失承载力。

凡建筑物的天然地基，存在上述四类问题之一时，必须进行地基处理，以确保工程安全。地基处理的优劣，关系到整个工程的质量、造价与工期，地基处理的意义已被越来越多的人所认识。我国于 2012 年颁布《建筑地基处理技术规范》JGJ 79—2012，要求地基处理做到技术先进、经济合理、安全适用、确保质量。

3.6.2 地基处理的对象

地基处理的对象包括软弱地基和不良地基。

1. 软弱地基

软弱土包括淤泥、淤泥质土、冲填土、杂填土及饱和松散粉细砂与粉土。这类土的工程特性为压缩性高、强度低，通常很难满足地基承载力和变形的要求。因此，不能作为永久性大中型建筑物的天然地基。

淤泥和淤泥质土具有下列特性：

(1) 天然含水率高，$w \geqslant w_L$，呈流塑状态；

(2) 孔隙比大，$e \geqslant 1.0$；

(3) 压缩性高，一般 $a_{1-2} = 0.7 \sim 1.5 \text{MPa}^{-1}$，属高压缩性土；

(4) 渗透性差，通常渗透系数 $k \leqslant i \times 10^{-6} \text{cm/s}$，这类建筑地基的沉降往往持续几十年才稳定；

(5) 具有结构性，施工时扰动结构，则强度降低。

2. 不良地基

不良地基包括下列几类。

1）湿陷性黄土地基

由于黄土的特殊环境与成因，黄土中含有大孔隙和易溶盐类，使陇西、陇东、陕北、关中等地区的黄土具有湿陷性，导致房屋开裂。

2）膨胀土地基

膨胀土中有大量蒙脱石矿物，是一种吸水膨胀，失水收缩，具有较大往复胀缩变形的高塑性黏土。在膨胀土场地上造建筑物如果处理不当，会使房屋发生开裂等事故。

3）泥炭土地基

凡有机质含量超过 25% 的土称为泥炭质土。泥炭土是在沼泽和湿地中生长的苔藓、树木等植物分解而形成的有机质土，呈黑色或暗褐色，具有纤维状疏松结构，为高压缩性土。

4）多年冻土地基

在高寒地区，含有固态水，且冻结状态持续两年或两年以上的土，称为多年冻土。多年冻土的强度和变形有其特殊性。例如，冻土中既有固态冰又有液态水，在长期荷载作用下具有流变性。又如建房取暖，将改变多年冻土地基的温度与性质，故对此需要专门研究。

5）岩溶与土洞地基

岩溶又称"喀斯特"。它是可溶性岩石，如石灰岩、岩盐等长期被水溶蚀而形成的溶洞、溶沟、裂隙，以及由于溶洞的顶板塌落，使地表发生坍陷等现象和作用的总称。土洞是岩溶地区上覆盖层，被地下水冲蚀或潜蚀所形成的洞穴。

3.6.3 地基处理方法的分类及适用范围

地基处理的分类方法很多，根据处理方法的基本原理，可以分为如表 3-7 所示的几类。

地基处理方法的分类　　　　　　　　　　表 3-7

物理处理				化学处理		热学处理	
置换	排水	挤密	加筋	搅拌	灌浆	热加固	冻结

但必须指出，很多地基处理方法具有多重加固处理的功能，例如碎石桩具有置换、挤密、排水和加筋的多重功能；而石灰桩则具有挤密、吸水和置换等功能。地基处理的主要方法、适用范围及加固原理，参见表 3-8 和图 3-22。

地基处理方法分类及其适用范围　　　　　　　　　　表 3-8

类别	处理方法	加固原理	适用范围
碾压及夯实	重锤夯实，机械碾压，振动压实，强夯（动力固结）	利用压实原理，通过机械碾压夯实，把表层地基土压实；强夯则利用强大的夯击能，在地基中产生强烈的冲击波和动应力，迫使地基土动力固结密度提高	适用于碎石土、砂土、粉土、低饱和度的黏性土、杂填土等，对饱和黏性土应慎重采用
换土垫层	砂土垫层，素土垫层，灰土垫层，矿渣垫层	以砂石、素土、灰土和矿渣等强度较高的材料，置换地基表层软弱土，提高持力层的承载力，扩散应力，减小沉降量	适用于处理暗沟、暗塘等软弱土的浅层处理
排水固结	天然地基预压，砂井预压，塑料排水带预压，真空预压，降水预压	在地基中增设竖向排水体，加速地基的固结和强度增长，提高地基的稳定性；加速沉降发展，使基础沉降提前完成	适用于处理饱和软弱土层，对于渗透性极低的泥炭土，必须慎重对待
振密挤密	振冲挤密，灰土挤密桩，砂桩，石灰桩，爆破挤密	采用一定的技术措施，通过振动或挤密，使土体的孔隙减少，强度提高；必要时，在振动挤密过程中，回填砂、砾石、灰土、素土等与地基土组成复合地基，从而提高地基的承载力，减少沉降量	适用于处理松砂、粉土、杂填土及湿陷性黄土
置换及拌入	振冲置换，深层搅拌，高压喷射注浆，石灰桩	采用专门的技术措施，以砂、碎石等置换软弱土地基中的部分软弱土，或在部分软弱土地基中掺入水泥、石灰或砂浆等形成加固体，与未处理部分土组成复合地基，从而提高地基的承载力，减少沉降量	黏性土、冲填土、粉砂、细砂等。振冲置换法对于不排水抗剪强度小于 20kPa 时慎用
加筋	土工聚合物加筋，锚固，树根桩，加筋土	在地基或土体中埋设强度较大的土工聚合物、钢片等加筋材料，使地基或土体能承受抗拉力，防止断裂，保持整体性，提高刚度，改变地基土体的应力场和应变场，从而提高地基的承载力，改善变形特性	软弱土地基、填土及陡坡填土、砂土

45

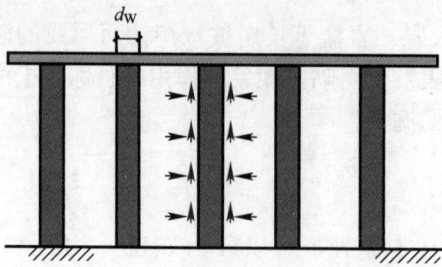

排水固结法

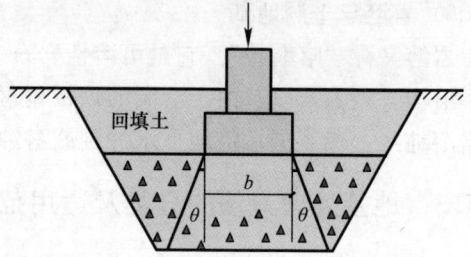

换土垫层法

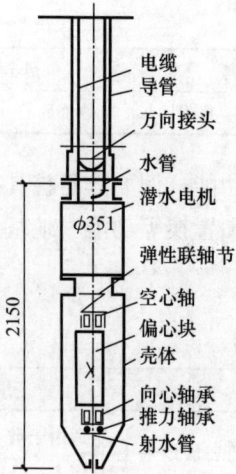

振冲器构造

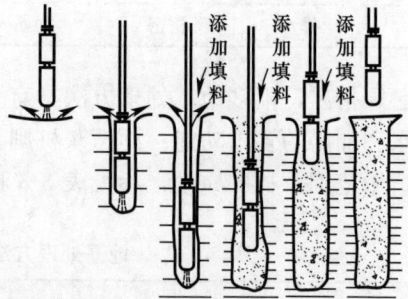

振冲法施工

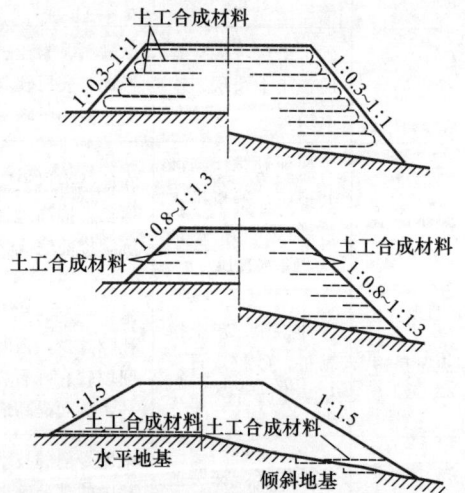

强夯法   加筋法

图 3-22　地基处理

3.6.4　地基处理方法的选用注意的问题

（1）选用方案应与工程的规模、特点和当地土的类别相适应；

（2）上部结构的要求及处理后地基土的加固深度要求；

（3）能选用的材料、机械设备，并掌握加固原理与技术；

（4）周围环境因素和邻近建筑的安全；

（5）对专业技术施工队伍的素质要求、施工工期的要求等；

（6）施工技术条件与经济技术比较，尽量节省材料与资金。

总之，地基处理应做到技术先进、经济合理、安全适用、确保质量、因地制宜、就地取材、保护环境、节约资源。

思考题

1. 什么是地基？什么是基础？

2. 工程地质勘察的目的是什么？

3. 列举几种浅基础类型，说一说其构造特点有哪些。

4. 什么情况下考虑采用桩基础？

5. 什么是软弱土？简述软弱土的工程特性有哪些。

6. 简述换土垫层法的加固原理和适用范围。

第4章
建筑结构

学习目标：

1. 认识结构的基本构件并理解其受力特点；

2. 了解建筑组成及各类结构形式及其特点；

3. 了解特种结构的类型；

4. 了解新型建筑形式及其未来发展。

所谓建筑结构，指的是建筑物中由承重构件所组成的结构体系（图 4-1），用以承受作用在建筑物上的各种荷载，故应具有足够的强度、刚度、稳定性和耐久性，从而满足使用要求。简单地说，就是房屋的承重骨架。

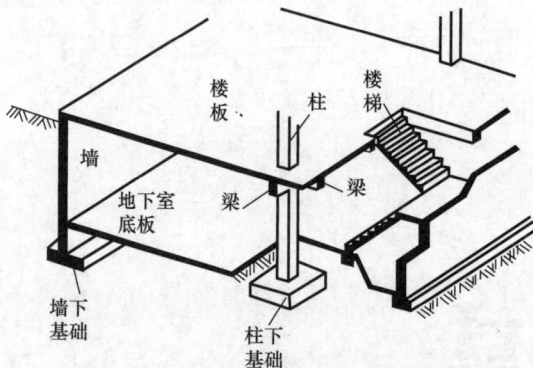

图 4-1　建筑结构示意图

4.1　基本构件

建筑工程的基本构件组成包括：板、梁、柱、墙、杆、拱、壳及楼梯等。

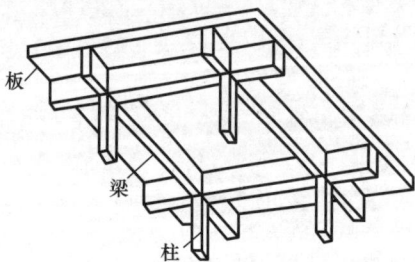

4.1.1　板

图 4-2　板示意图

板（图 4-2）是指平面尺寸较大而厚度较小的受弯构件，通常水平放置，也可斜向放置（楼梯板）或竖直放置（墙板）。

按施工方法，可分为装配式楼板和现浇楼板（图 4-3）。其中，装配式楼板最常见的是空心板和双肋板；现浇楼板又分成单向板、双向板、密肋楼板和无梁楼板（图 4-4）。

图 4-3　装配式楼板和现浇楼板

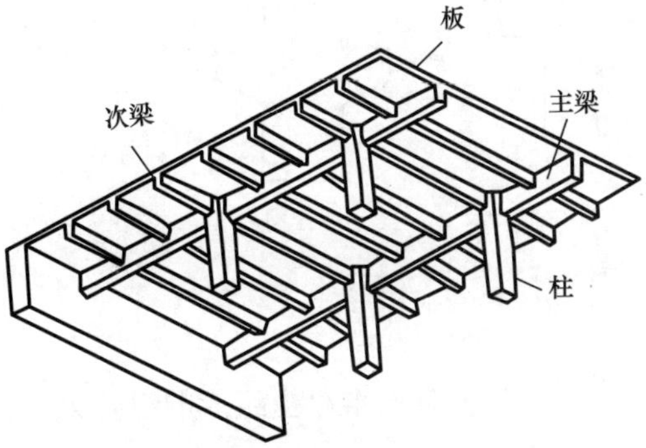

(a) 单向板肋梁楼盖

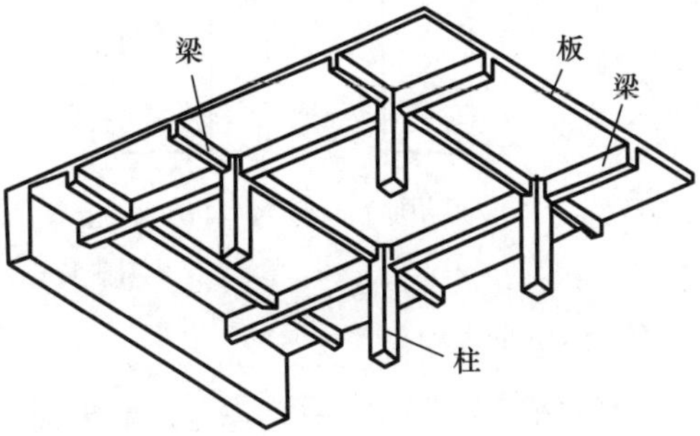

(b) 双向板肋梁楼盖

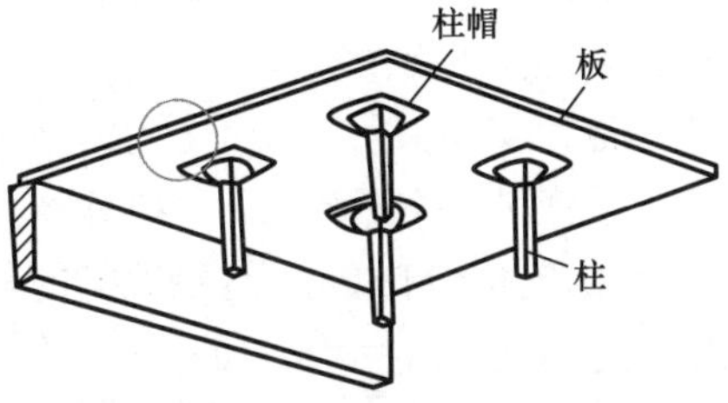

(c) 无梁楼盖

图 4-4 楼盖

1. 单向板

指板上的荷载沿一个方向传达到支承构件上的板。《混凝土结构设计标准》GB/T 50010—2010 规定：两对边支承的板应按单向板计算；另外，当长边与短边长度之比不小于 3.0 时，宜按沿短边方向受力的单向板计算。此时，均布荷载主要沿短跨方向传至支承构件，沿长跨方向传至支承构件的荷载极小，可以忽略不计。

2. 双向板

指板上的荷载沿两个方向传达到支承构件上的板。当长边与短边长度之比小于或等于 2.0 时，应按双向板计算；当长边与短边长度之比大于 2.0，但小于 3.0 时，宜按双向板计算。

3. 无梁楼板

为板柱体系，没有肋梁，平板支撑在柱上，故板厚较大。

4.1.2 梁

梁，通常水平放置，有的也倾斜放置，以满足使用要求。为主要承受垂直于其纵轴方向荷载的线形构件，其截面尺寸小于其长向跨度，以承受弯矩、剪力为主。

梁的截面高度与跨度之比一般为 1/8～1/16，高跨比大于 1/4 的称为深梁，梁的截面高度平时大于宽度，但因工程需要梁宽大于梁高时称为扁梁。梁的高度沿轴线变化的梁，称为变截面梁。

1. 按截面形式

分为矩形梁、T 形梁、工字梁、十字梁、倒 T 形梁、L 形梁、Z 形梁、槽形梁、箱形梁、空腹梁、叠合梁等（图 4-5）。

(a) 矩形　　　(b) T形　　　(c) 工字形　　　(d) 十字形

图 4-5　梁的截面形式

2. 按所用材料

分为钢梁、钢筋混凝土梁、预应力混凝土梁、木梁以及钢与混凝土组成的组合梁。

3. 按支承方式

分为简支梁、悬臂梁、连续梁和外伸梁（图 4-6）。其中，简支梁指的是梁的两端搁置在支座上，支座仅使梁不产生垂直移动，但可自由转动。为使整个梁不产生水平移动，在一端加设水平约束，该处的支座称为固定铰支座，另一端不加水平约束的支座称为活动铰支座。悬臂梁是指梁的一端固定在支座上，使该端不能转动，也不能产生水平和垂直移动，称为固定支座；另一端可以自由转动和移动，称为自由端。连续梁指的是有两个以上支座的梁。

(a) 简支梁　　　　　　　(b) 悬臂梁

(c) 连续梁　　　　　　　(d) 外伸梁

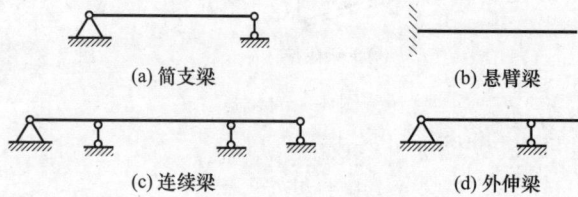

图 4-6　梁的支承方式

4. 按其在结构中的位置

分为主梁、次梁、连梁、过梁、圈梁、挑梁。

（1）主梁：指的是将其上的荷载通过两端支座直接传递给柱或墙的梁。

（2）次梁：在主梁的上部，主要起传递荷载的作用。

（3）圈梁：一般用于砖混结构，将整个建筑围成一体，增强结构的抗震性能。

（4）过梁：一般用于门窗洞口的上部，用以承受洞口上部结构的荷载。

4.1.3　柱

柱（图 4-7），承受平行于其纵轴方向荷载的竖向构件，其截面尺寸小于其高度，以受压力、弯矩为主。

(a) 构造柱　　　　　(b) 钢筋混凝土柱　　　　　(c) 预制柱

图 4-7　柱

1. **按截面形式**

分为方柱、圆柱、管柱、矩形柱、工字柱、H形柱、L形柱、十字柱、双肢柱、格构柱。

2. **按所用材料**

分为石柱、砖柱、砌块柱、木柱、钢柱、钢筋混凝土柱、劲性钢筋混凝土柱、钢管混凝土柱和各种组合柱。

3. **按柱的损坏特点和长细比**

分为短柱、长柱和中长柱。

4. **按受力特点**

分为轴心受压柱和偏心受压柱。

5. **按制造和施工方法**

钢筋混凝土柱分为现浇柱和预制柱。

其中，钢筋混凝土柱是土木工程中最常见的，广泛应用于各种土木工程中。

4.1.4　墙

墙（图4-8），为承受平行或垂直于墙面方向荷载的竖向构件，其厚度小于墙面尺寸。荷载平行于墙面时，以受压为主；垂直于墙面时，以受弯、剪为主。

图4-8　墙

4.1.5　其他构件

除了以上常见的结构构件，还有杆、索、膜、拱等（图4-9）。

1. **杆**

杆是承受轴向力的直线形构件，截面尺寸比长度小得多，多用于桁架和网架结构。

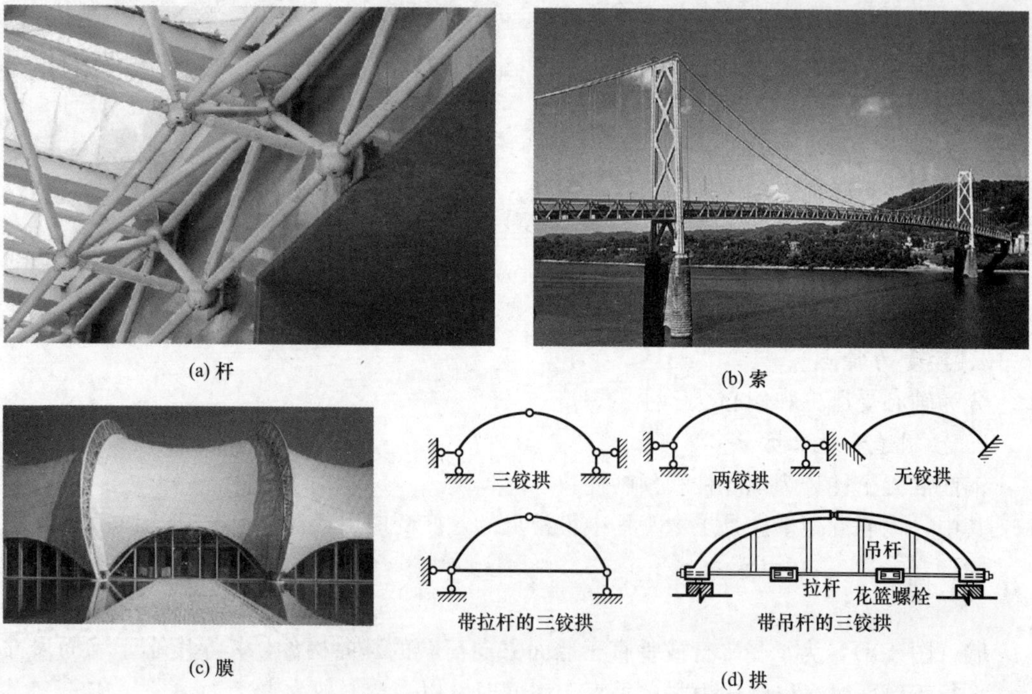

(a) 杆

(b) 索

(c) 膜

(d) 拱

图 4-9　其他构件示意

2. 拱

拱是承受沿其纵轴平面内荷载的曲线形（或折线）构件，其截面尺寸小于其弧长，主要承受轴向压力。常用于道路中的拱桥、砖混结构中的门窗拱形砖过梁、水利工程、地道以及场馆中的大跨度钢构造拱等。拱按铰数，可分为三铰拱、无铰拱、双铰拱及带拉杆的双铰拱。

3. 壳

壳是一种曲面形具有很好空间传力性能的构件，能以极小厚度覆盖大跨度空间，以受压力为主。

4. 索

索是一种以柔性受力的钢索组成的构件，可为直线形或曲线形。

5. 膜

膜是以薄膜材料制成的构件（如玻璃纤维布、塑料薄膜），只能承受拉力。

4.1.6　楼梯

楼梯是楼层间的垂直连系构件。楼梯有板式楼梯（图 4-10）、梁式楼梯、剪刀式楼梯及螺旋楼梯。

4.1.7　基础

基础（图 4-11）指将结构所承受的各种作用传递给地基的结构组成部分。按使用的材料，分为灰土基础、砖基础、毛石基础、混凝土基础、钢筋混凝土基础；按埋置深度，

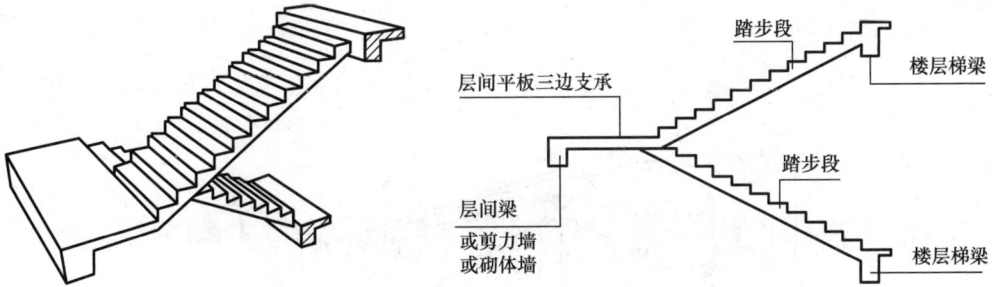

图 4-10　板式楼梯示意

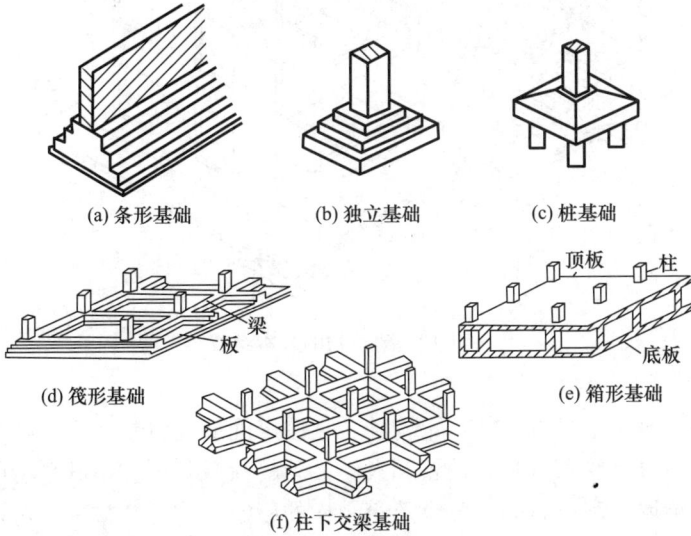

图 4-11　基础示意

可分为浅基础、深基础。埋置深度不超过 5m 者称为浅基础，大于 5m 者称为深基础。按受力性能，可分为刚性基础和柔性基础；按构造形式，可分为条形基础、独立基础、箱形基础、筏形基础等。

4.2　房屋的组成

一座建筑，通常是由基础、墙或柱、楼板、梁、地坪、楼梯、屋顶以及门窗等构成。这些组成部分在建筑物的不同部位发挥着各自独特且至关重要的作用。如图 4-12 所示。

首先，基础是位于建筑物最下部的承重构件，它承担着整个建筑物的全部荷载。这些荷载通过基础传递给地基，确保建筑物的稳定性和安全性。基础的设计和施工对于建筑物的耐久性与使用寿命至关重要。

其次，墙体是建筑物的承重构件和围护构件。作为承重构件承受着建筑物由屋顶或楼板层传来的荷载，并将这些荷载传递给基础。同时，外墙作为围护构件起着抵御自然界各种因素，如风、雨、阳光等对室内环境的侵袭作用，保护建筑物内部免受外界恶劣天气的影响。内墙则主要起到分隔空间、创造室内舒适环境的作用，确保居住或使用空间的私密性和功能性。

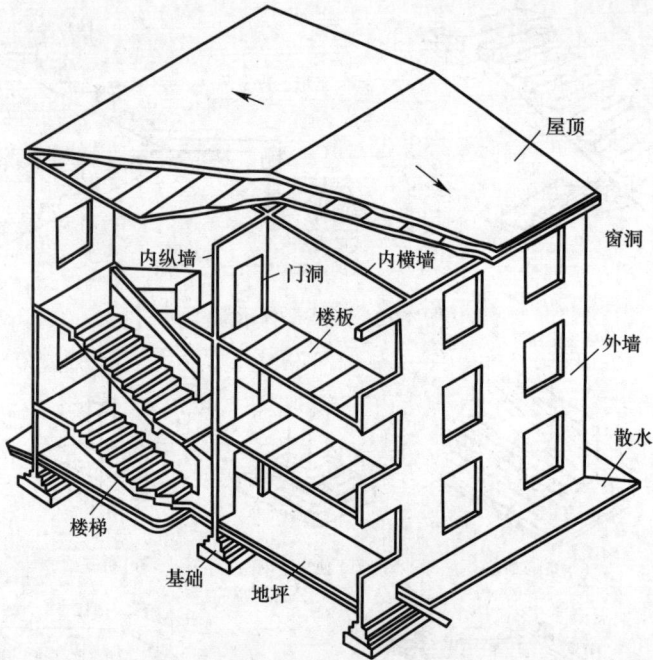

图 4-12　建筑物的基本组成

楼板是楼房建筑中水平方向的承重构件，它按房间层高将整座建筑物沿水平方向分为若干部分。楼板不仅承受着家具、设备和人类活动的荷载，还包括其自身的重量。这些荷载通过楼板传递给墙体和梁，确保整个建筑结构的稳定。此外，楼板还对墙体起到水平支撑的作用，增强墙体的稳定性，防止墙体因受力不均匀而产生裂缝或变形。

地坪是底层房间与土层直接接触的部分，它主要承受底层房间内的荷载。为了满足不同使用需求，地坪需要具备耐磨、防潮、防水和保温等多种功能。这些功能的实现，确保了底层房间的使用舒适性和耐久性。

楼梯作为楼房建筑的垂直交通设施，主要供人们上下楼层使用，同时也承担着紧急疏散的重要功能。楼梯的设计不仅要满足日常使用需求，还要确保在紧急情况下能够快速、安全地疏散人群。

屋顶是建筑物顶部的外围护构件和承重构件，它主要抵御自然界中的雨、雪及太阳热辐射等对顶层房间的影响。屋顶还承受着建筑物顶部的荷载，并将这些荷载传递给垂直方向的承重构件，确保建筑物顶部的稳定性和安全性。

门窗的作用主要是提供交通通道，同时起到采光和通风的作用。此外，门窗还具有分隔空间和围护的作用，确保室内外环境的相对独立和安全。

一座建筑物除了上述基本组成构件外，根据不同的使用功能和设计需求，还会有各种不同的构件和配件。例如，阳台、雨篷、散水等附属构件，虽然在整体建筑中所占比例不大，但它们在美化建筑外观、提供额外使用空间以及保护建筑物免受雨水侵蚀等方面发挥着重要作用。这些小的附属构件的设计和施工同样不容忽视，它们对于提升建筑物的整体功能和美观度具有重要意义。

4.3　建筑及结构类型

建筑按层数，分为低层建筑、大跨度建筑、多层建筑、高层建筑和超高层建筑；按使用性质，分为民用建筑和工业建筑。以下仅阐述按层数分类的建筑。

4.3.1　低层建筑及结构

低层建筑一般为1层的建筑及2~3层（低于10m）的建筑，1层的建筑又分为民用单层建筑和工业单层建筑。民用单层建筑一般采用砖混构造，即墙体采用砖墙、屋面板采用钢筋混凝土，多用于单层住房、公共建筑及单层别墅；工业单层建筑一般采用钢筋混凝土柱或钢柱、屋面采用钢屋架和轻型彩钢木屋面构造。按结构形式，分为排架结构和刚架结构。排架结构指柱与基础的连接为刚接，屋架与柱顶的连接为铰接；刚架结构指梁或屋架与柱的连接为刚性连接。见图4-13。

(a) 低层别墅　　　　　　　　　　　　　　(b) 单层厂房

图 4-13　低层建筑

4.3.2　多层建筑

多层建筑主要应用于居民住处、商场、办公楼和酒店等，我国以8层为界限，低于8层的统称为多层建筑。多层建筑常用的构造形式为砖混结构、框架结构和钢结构。框架结构是指梁和柱刚性连结而成，梁柱承重的骨架结构。其特点是强度高、自重轻、整体性和抗震性能好、平面布置灵活、可获取较大的使用空间。

多层建筑可采用现浇，也可采用装配式或整体装配式结构。见图4-14。

图 4-14　多层建筑

4.3.3 高层与超高层建筑

8 层及 8 层以上的建筑称为高层建筑。高层建筑主要结构形式为框架结构、框架-剪力墙结构、剪力墙结构、框支剪力墙结构、筒体结构、钢结构等。

1. 框架结构

框架构造因其受力系统由梁柱组成，主要承受竖向荷载，承受水平荷载能力较差，所以适用于房屋高度不大、层数不多的建筑。见图 4-15。

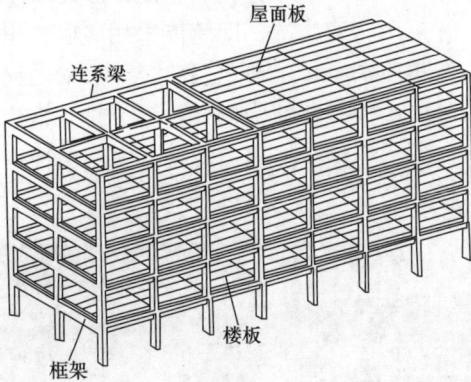

图 4-15 框架结构

2. 框架-剪力墙结构

剪力墙即钢筋混凝土墙，其抵挡水平剪切力能力较强。在框架-剪力墙结构中，框架和剪力墙共同受力，剪力墙肩负绝大多数的水平荷载，框架则以肩负竖向荷载为主，能够大大减小柱的截面。见图 4-16。

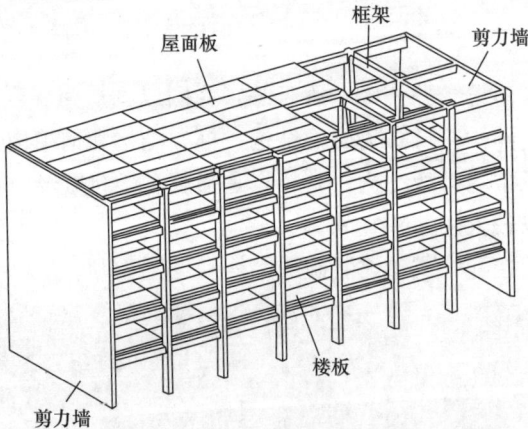

图 4-16 框架-剪力墙结构

3. 剪力墙结构

当房屋层数很多时，横向水平荷载对构造设计起控制作用，如采用框架-剪力墙结构，剪力墙须布置得特别密集，全部采用纵横交错的剪力墙。这时，剪力墙既承受水平荷载，又承受竖向荷载。见图 4-17。

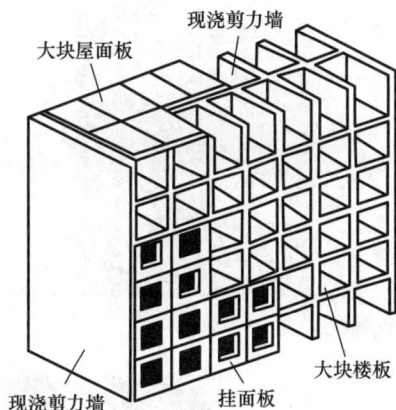

图 4-17 剪力墙结构

4. 框支剪力墙结构

框架与剪力墙两种结构完全不同，为完成两者之间的转换，需在其交界楼层设置巨型的变换梁，将上部剪力墙的荷载经过转换梁传到下部的柱上，称为框支剪力墙结构。见图 4-18。

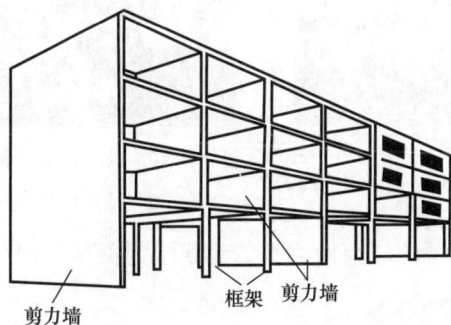

图 4-18 框支剪力墙结构

5. 筒体结构

筒体结构是一个或多个筒体作承重构造的高层建筑系统，适用于层数很多的高层建筑。筒体结构分为框筒体系、筒中筒体系、桁架筒体系和成束筒体系。

1）框筒体系

指内芯由剪力墙构成，周边为框架的结构体系。见图 4-19。

2）筒中筒体系

当周边的框架柱布置较密时，可将周边框架视为外筒，而将内芯的剪力墙视为内筒，则构成筒中筒体系。见图 4-20。

3）桁架筒体系

在筒体结构中，增加斜撑来抵抗水平荷载，以进一步提高结构承受水平荷载的能力，增加体系的刚度。这种结构体系称为桁架筒体系，见图 4-21。

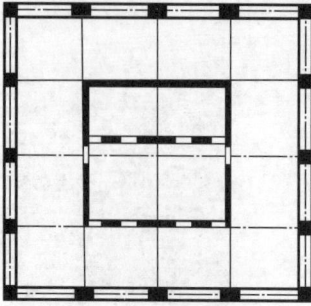

图 4-19 框筒体系

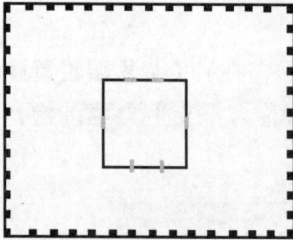

图 4-20 筒中筒体系

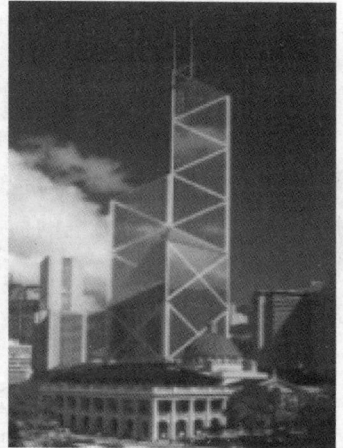

图 4-21 桁架筒体系

4）成束筒体系

是由多个筒体组成的筒体结构。最典型的成束筒体系的建筑应为美国芝加哥的西尔斯塔楼（1974）。见图 4-22。

1~50层 51~66层 67~90层 91层及以上

图 4-22 成束筒体系

6. 钢结构

钢结构是以钢材制作为主的结构，是主要的建筑结构类型之一。主要由型钢和钢板等制成的钢梁、钢柱、钢桁架等构件组成。钢结构中，各构件或部件之间采用焊缝、螺栓或铆钉连接的结构。钢结构有强度高、自重轻、变形能力强、韧性好、可靠性高等特点。在建筑工程中应用钢结构，可以有效地提高建筑工程性能，节约建筑工程成本。用钢结构取代混凝土结构，能够减少砂、石、水泥的使用量，减轻对不可再生资源的破坏。见图 4-23。

图 4-23　钢结构住宅与钢结构厂房

4.3.4　大跨度建筑

大跨度建筑通常是指跨度在 30m 以上的建筑（混凝土）。《钢结构通用规范》GB 55006—2021 第 5.3.1 条的条文说明指出，大跨度钢结构一般是指跨度等于或大于 60m 的钢结构。主要用于民用建筑的影剧院、体育场馆、展览馆、大会堂、航空港以及其他大型公共建筑。在工业建筑中，则主要用于飞机装配车间、飞机库和其他大跨度厂房。大跨度建筑结构包括网架结构、网壳结构、悬索结构、桁架结构、索膜结构、薄壳结构等基本空间结构及各类组合空间结构，如图 4-24 所示。

(a) 网架结构　　　　　　　　　　　　　(b) 网壳结构

(c) 索膜结构（耶鲁大学冰球馆）　　　　(d) 索膜结构（苏州奥体中心）

图 4-24　大跨度建筑（一）

(e) 悬索结构（济南奥体中心）　　　　　　(f) 悬索结构（北京南站）

(g) 悬吊结构（高雄市立图书馆）　　　　　(h) 薄壳结构（国家大剧院）

图 4-24　大跨度建筑（二）

4.3.5　装配式建筑

装配式建筑是指把传统建造方式中的大量现场作业工作转移到工厂进行。在工厂加工制作好建筑用构件和配件（如楼板、墙板、楼梯、阳台等），运输到建筑施工现场，通过可靠的连接方式在现场装配安装而成的建筑。见图 4-25、图 4-26。

图 4-25　装配式建筑及结构构件

图 4-26　装配式建筑（武汉火神山医院）

装配式建筑规划自 2015 年以来密集出台。2015 年末，发布《工业化建筑评价标准》GB/T 51129—2015，决定 2016 年全国全面推广装配式建筑，并取得突破性进展；2015 年 11 月 14 日，住房和城乡建设部出台《建筑产业现代化发展纲要》，计划到 2020 年装配式建筑占新建建筑的比例 20％以上，到 2025 年装配式建筑占新建建筑的比例 50％以上；2016 年 2 月 22 日，国务院出台《关于大力发展装配式建筑的指导意见》，要求要因地制宜地发展装配式混凝土结构、钢结构和现代木结构等装配式建筑，力争用 10 年左右的时间，使装配式建筑占新建建筑面积的比例达到 30％；2016 年 9 月 27 日，国务院出台《国务院办公厅关于大力发展装配式建筑的指导意见》，对大力发展装配式建筑和钢结构重点区域、未来装配式建筑占比新建目标、重点发展城市进行了明确。

装配式建筑具有如下特点：

（1）大量的建筑部品由车间生产加工完成，构件种类主要有：外墙板、内墙板、叠合板、阳台、空调板、楼梯、预制梁、预制柱等。

（2）现场大量的装配作业，比原始现浇作业大大减少。

（3）采用建筑、装修一体化设计、施工，理想状态是装修可随主体施工同步进行。

（4）设计的标准化和管理的信息化，构件越标准，生产效率越高，相应的构件成本就会下降，配合工厂的数字化管理，整个装配式建筑的性价比会越来越高。

（5）符合绿色建筑的要求。

4.4　特种结构

特种结构是指拥有特别用途的工程结构。从大的方面说，包括高耸结构、海洋工程结构、管道结构和容器结构等。细分，包括如烟囱、挡土墙、灯塔、电力杆塔、各类管道、冷却塔、水池、水塔、筒仓、压力容器、核电站的反应堆，等等。见图 4-27。

(a) 烟囱

(b) 挡土墙

(c) 水塔

(d) 水池

(e) 筒仓

图 4-27　特种结构

1. 烟囱

烟囱是一种常见的构筑物，属于高耸结构。其作用是把烟气排入到高空，以减轻烟气对环境的污染。常采用砖、钢筋混凝土和钢等材料建造。

烟囱分为砖烟囱、钢筋混凝土烟囱和钢烟囱三类。砖烟囱的高度一般不大于 50m；钢筋混凝土烟囱多用于高度大于 50m 的烟囱，一般采用滑模施工。钢筋混凝土烟囱按内衬部署方式不同，分为单筒式、双筒式和多筒式。钢烟囱自重轻、韧性好、抗震性能好，适用于地基差的场所，但耐腐化性差，需要经常保护。钢烟囱按其构造，分为斜拉式、自立式和塔架式。

2. 挡土墙

挡土墙是一种挡土构筑物，在土木工程中应用十分普遍，承受的主要荷载是土压力。挡土墙的形式非常多，如重力式、悬臂式、扶壁式、锚杆式、空箱式、加筋式等，各有其适用条件。建造挡土墙的材料主要是砌体与混凝土，适于就地取材，造价低廉。

3. 水塔

水塔是一种用于储水、配水的高耸构筑物，是给水工程中用来保持和调节给水管网水量与水压的重要设施。水塔由水箱、塔身和基础三部分组成，常采用钢筋混凝土建造，也有少量钢水塔和砌体水塔。

4. 水池

水池是一种用于储水的构筑物，一般建在地面以下，也有建在地面以上的，在给水排水工程中应用非常广泛。按建筑材料，可分为钢水池、钢筋混凝土水池、钢丝网水泥水池和砌体水池等；其中，以钢筋混凝土水池应用最多，具有结构简单、易成型、密闭性好、稳定性好及耐久性好等优点。水池由底板、池壁和顶盖三部分组成。

5. 筒仓

筒仓是贮存粉状或粒状松散物体的立式容器，可作为生产企业调节和短期贮存生产用的粉状物质的附属设施，也可作为长期贮存粮食类物质的仓库。按平面形状不同，有圆形、矩形、菱形等，其中以圆形居多。按所用材料不同，可分为钢筋混凝土筒仓（包括整体浇筑、预制拼装、预应力或非预应力）、钢筒仓和砌体筒仓等，当前应用最多的是整体现浇式的钢筋混凝土筒仓。

思考题

1. 简述房屋建筑的组成部分及其功能作用。
2. 结构基本受力构件有哪些？它们的受力特点是什么？
3. 多层、高层建筑的结构形式有哪些？它们各自有什么特点？
4. 联系实际，阐述建筑需要满足哪些功能要求。
5. 查询资料，列举新型建筑的形式及特点。

第5章
地下工程

学习目标：

    1. 掌握地下空间的分类；

    2. 熟悉地下商业街设计的基本内容；

    3. 熟悉地下车库设计的基本内容；

    4. 掌握地下人防工程的含义。

5.1 概述

    19 世纪中叶，发达国家开始了地下空间的现代化开发和利用。自 20 世纪 60 年代开始，我国进行了大规模的人民防空工程（人防工程）建设，到 21 世纪初我国的地下建筑及高层建筑水平均已跻身世界先进行列。目前，对地下空间进行有序、合理、经济、高效的开发与利用已经成为 21 世纪城市建设的主题。地下空间广泛应用于城市交通、商业、文化、娱乐、体育、市政、仓储、物流、防空、防灾、环保、能源等领域，并取得了令世人瞩目的丰硕成果。截至 2023 年 12 月，我国地铁线路里程达到了 10165.7km。这一数据涵盖了 31 个省（自治区、直辖市）和新疆生产建设兵团内的 55 个城市，这些城市共开通运营城市轨道交通线路 306 条。在各大、中城市建设了规模庞大的地下综合体，开发建设了连接深圳和中山的"深中通道"跨海桥隧工程，其中包括长约 7km 的海底隧道；建设了港珠澳跨海大桥的海底隧道，长约 6.7km，是当今世界上埋深最大、综合技术难度最高的沉管隧道。这些世界一流的超级工程展示了我国在跨海桥梁与穿海隧道领域的世界顶级水平。地下空间资源的开发与利用已证明其可有效解决城市中用地空间饱和、交通拥挤、环境污染、防灾抗毁和解决地面无法解决的城市中多种矛盾问题。作为城市的新型国土资源，地下空间将是给城市带来可持续发展的重要途径。

5.1.1 地下空间的含义

    地下空间是相对地上空间而言的，它是指地表以下，自然形成或人工开发的空间。地下空间资源是已有的和潜在的可利用地下空间的总称。城市地下空间是指城市规划区内的地下空间。地下建筑是指在地表以下修建的建筑物和构筑物，泛指用于各类生活、生产、防护的地下建筑物及构筑物。地下构筑物一般指人员不直接在内进行生活、活动的地下场所，如矿井、巷道、各类管廊、隧道及野战工事等。

5.1.2 地下空间资源属性

    地下空间作为资源一旦被开发就很难再生，不仅不易消除而且会对未来造成长久的影响，这也是它的稀缺性。地下空间还受到地面环境的影响，如城市中建筑、道路等设施以及地下土层环境，说明它必须满足社会发展需要并经过审慎规划才能进行有序开发建设，这是它的局限性。地下空间还具有其他特性，如优越的掩蔽防护及抗震性能、优越的恒温及环保性能等。

5.1.3 地下空间的特点

    现代社会开发利用地下空间资源具有下述几个特点：

（1）城市地下空间可以吸收和容纳众多的城市功能及城市活动，为城市规模化扩展提供了十分丰富的空间资源，是城市可持续发展的必由之路。

（2）开发地下空间有利于节约城市用地、保护环境、节约资源、改善交通、减轻污染等，在经济、社会、环境、防灾等多方面具有综合效益。

（3）地下空间建筑处在一定厚度的岩层或土层覆盖下，具有良好的防护性能，可有效地防御包括核武器在内的各种武器的杀伤性破坏。

（4）地下空间建筑有较强的防灾、减灾优越性，能较有效地抵御地震（图 5-1）、飓风、暴雪等自然灾害，以及爆炸、火灾等人为灾害。

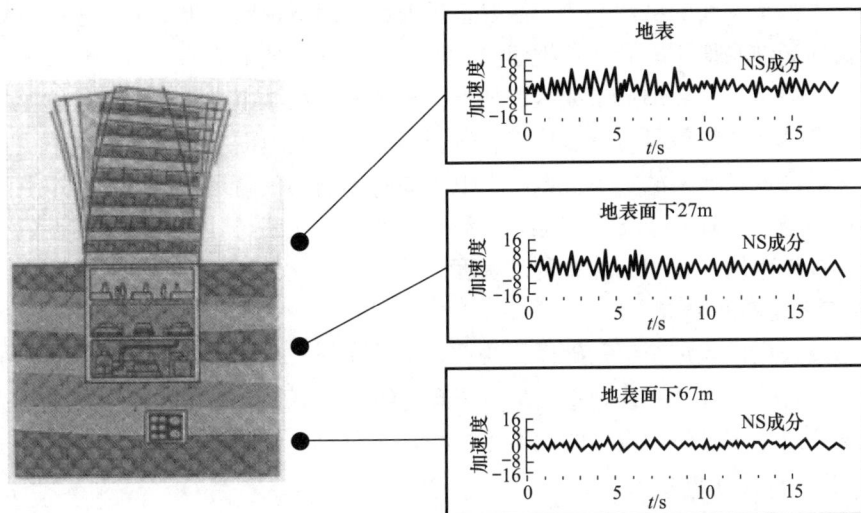

图 5-1　地下建筑的抗震性能

（5）地下空间的密闭环境和比较稳定的温度场可形成良好的密闭性与热稳定性，适宜修建对掩蔽及内部环境有较高要求的工程，如人防指挥中心、地下储库、精密仪器生产用房及科研试验建筑等。

（6）地下空间的开发利用具有很大的局限性及不可逆性，应进行长期分析预测及审慎规划，进行分阶段、分地区、分层次、高效益的开发利用。

（7）地下空间建设投资很高，建设周期和平均使用寿命较长，对社会和城市贡献大。

（8）地下空间建筑施工难度大且复杂，其封闭的特性对设备要求较高。

（9）地下空间建筑的缺点是自然光线不足，与室外环境隔绝，应采用通风空调系统及阳光引入技术等，以达到人类生活使用的环境标准。

5.1.4　地下空间的分类与研究内容

地下空间工程的研究和建造，涉及工程的开发与规划、勘察与设计、施工与维护等多学科的科学与技术。地下空间常见的分类方法包括按使用功能分类、按岩土性质状况分类、按结构形状分类、按施工方法分类等。

5.1.4.1　按使用功能分类

地下空间是城市功能空间在地下方向的延伸，是城市活动的重要组成部分，也是城市发展的重要方向。根据地下空间功能的内容与人工环境要求，鼓励发展适宜建设在地下空间的功能设施。

1. 地下居住建筑

地下居住建筑主要包括地下生土建筑、覆土建筑及住宅附建式地下室等。地下居住建筑可利用平地或坡地建造，具有节能、节地、冬暖夏凉、保护地面环境等优点，但有湿度、通风和日照条件不足等问题，因此建筑技术在地下建筑空间环境上的应用十分重要。

2. 地下交通建筑

城市地面交通拥挤及人车混杂是现代都市最突出的矛盾之一。地下交通功能的开发已经成为现代大都市发展的必然趋势，主要包括地铁、地下道路、地下人行通道、地下停车库、地下交通场站及地下综合交通枢纽等。近几十年来，地下交通功能得到大力开发，尤其国外许多大城市，已经形成了完善的地下交通系统，在城市交通中发挥着重要的作用。

城市交通地下化发展具有众多优点：避开地形地貌及地面上各类交通的干扰，分流地面交通流量，降低交通事故；不受城市街道布局的影响，提高运输效率；基本上消除空气污染和噪声污染；节省城市交通用地，节约土地费用；便于与其他地下空间设施组织在一起，从而提高城市地下空间的综合利用程度。

3. 地下市政公用建筑

城市市政公用设施是城市基础设施的重要组成部分，是维持城市正常生活和城市发展的必要条件。地下市政公用设施包括地下市政管线、地下综合管廊及地下市政场站。随着城市的快速发展，市政公用设施的地下化、综合化和系统化将是主要的发展趋势与方向。

4. 地下公共服务建筑

地下公共服务建筑主要包括文化、商业、娱乐、教育、体育、医疗卫生等功能类型。地下公共建筑在功能、空间、环境、结构及设备等方面与地面上的同类型建筑并无原则上的区别，但由于人流密集，对防火疏散及出入口设置有更高的要求。单一功能的地下公共建筑可单独建设，也可附建于地面上的公共建筑。多种功能组织在一起时，形成地下综合体，是城市地下空间资源集约化利用的体现。

5. 地下防灾减灾建筑

城市综合防灾是地上、地下有机联系的整体。地下空间建筑对于多种自然灾害、战争灾害及人为灾害具有很强的综合防护能力，是城市综合防灾的一个重要组成部分。地下防灾减灾建筑主要包括人民防空工程及防灾减灾安全设施。我国长期发展人民防空工程，近年来对平时灾害的防御逐渐加强，做到防空、防灾一体化发展，全面提高城市的防灾、抗毁能力。

6. 地下仓储物流建筑

（1）地下仓储不占地面用地，利用岩石和土层地下空间的热稳定性、密闭性、容量大等特点，存储各类物资和能源。地下储库包括水库、食物库、能源库、物资库及废物库等。地下储库的库存损失小于地面库，安全性高于地面库。

（2）地下物流系统是采用现代运载工具和信息技术实现货物在地表下运输的物流系统。目前有两种主流形式，即管道式地下物流系统和隧道式地下物流系统。地下物流系统具有缓解交通压力、提高货物运输效率、改善城市生态环境等优点。

7. 地下工业建筑

地下工业建筑通常是指人们从事生产、制造产品等所需要的地下空间，可用于多种工业生产类型，如轻工业、手工业、水利电力、精密仪器、军事及航空航天工业等。地下空间具有良好的防护性能，能为精密生产和科学试验提供恒温、恒湿、防尘或防振等特殊的生产环境。

8. 地下军事建筑

地下军事建筑主要是指军事用途的地下建筑，如武器弹药库、战斗机库、军事基地、战斗工事、导弹发射井等。

9. 其他特殊地下建筑

地下空间除上述功能以外，还包括文物、古迹、矿藏、墓葬及溶洞等功能类型的地下建筑。

5.1.4.2　按岩土性质分类

1. 岩石地下建筑

岩石地下建筑是指在岩石层中挖掘的洞室，包括利用和改造的天然溶洞或废旧矿坑等，又称硬土建筑。其又划分为贴壁式建筑和离壁式建筑，包括各类民用及军事工程等。新建的岩石地下建筑应根据使用要求、地形、地质条件等进行规划设计。天然溶洞如果地质条件较好，其形状和空间又较适合于某种地下空间功能，就可以进行适当的加固和改建，这样可节省大量开挖岩石的费用和时间。

2. 软土中地下建筑

软土中地下建筑是指在土层中挖掘的地下建筑，外环境介质为土壤，包括各类民用及军事工程等。根据建造方式又可分为单建式和附建式两种。单建式是指独立在土中建设的地下建筑；附建式是附属于上部建筑物的地下室，或与上部地面建筑同时设计、施工的地下建筑结构的总称（图5-2）。

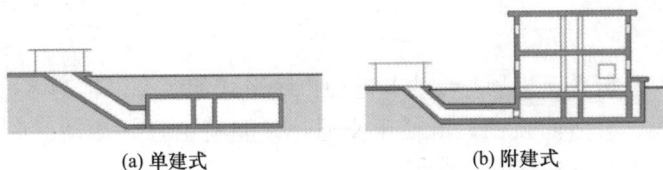

(a) 单建式　　　　　　　　　　　　　　(b) 附建式

图 5-2　软土中地下建筑的单建式与附建式地下室

5.2　地下商业街设计

5.2.1　地下商业街概述

地下商业街是在城市发展过程中产生的一系列固有矛盾状况下，促进城市可持续发展的一条有效途径。同时，地下商业街也承担了城市所赋予的多种功能，是城市的重要组成部分。伴随着地下商业街建设规模的不断扩大，将地下商业街同各种地下功能设施综合规划建设已成为城市建设的重要内容，如将地铁、综合管廊、高速路、停车库、娱乐及休闲广场等与地下商业街相结合，形成具有城市功能的地下大型综合体，是地下城的雏形。

5.2.2 地下商业街定义

地下商业街是沿地下公共人行通道设置商业店铺等的地下建筑设施。地下商业街是因为与地面商业街相似而得名。它是由最初的地下人行通道扩展而发展起来的。对于地下商业街的定义，也因不同时期的功能发展而体现其不同的内容及含义。

5.2.3 地下商业街的类型

1. 按形态分类

以地下商业街所在位置和平面形状，可以分为道路型、广场型和复合型地下商业街。

1）道路型地下商业街

道路型地下商业街多数处在城市中心区较宽阔的主干路下，平面沿街道走向布置，大多为一字形、十字形、工字形、井字形、T形、L形、网格形等。商店通常布置在地下商业街中央通道两侧，以出入口衔接主干路。

两侧的人行系统。地下商业街应尽可能同地面有关建筑及地下室或其他地下空间设施相连通。出入口的设置应与地面主要建筑及道路交叉口相结合，以保证人流便捷的立体交通。

2）广场型地下商业街

（1）建设地点

广场型地下商业街通常位于城市商业、文化、铁路公路枢纽等中心广场、公园绿地等地下或与城市高铁、机场等大型综合交通枢纽相结合建设。

（2）内容与形式

广场型地下商业街主要由地下出入口、垂直通道、下沉广场等与地面衔接。设于中心广场下时，应注重与周边道路的对接，合理引导人行流向。与交通枢纽结合建设时，可与公共交通设施的首层或地下层相连接。在功能上可考虑商业、人行通道、餐饮、娱乐及住宿等。

（3）平面

广场型地下商业街平面规划类型应与地面广场形式相协调，常为多边形或矩形的厅式布局，内部空间大、灵活而自由，既便于交通，又能满足公共活动、商业娱乐及休闲功能，常与地下停车库结合建设。

（4）环境

广场型地下商业街可与地面环境共同开发，让地上与地下空间在景观、动线、机能之间，形成更多的功能整合与更高的使用效率。如在广场上可设置下沉广场，通过室外楼梯与地面相连接，既能满足地上与地下空间的过渡，又能为地下商业街引入自然光源，可以在提升地下空间环境的同时，也为人们提供休息空间。在铁路、码头、客运站等交通流量较大的站前广场，地下商业街常具备多种功能。

3）复合型地下商业街

复合型地下商业街是广场型与道路型地下商业街的结合。这种地下商业街工程规模较大，常常是分期建造，需要很长时间才能完成。几个地下商业街连接成一体的复合型地下商业街带有"地下城"的意义，这样的地下商业街能在交通上引导人车分流，可与地面建筑相连，也可与地面车站、地铁车站及其他周边地下空间等相连通。在使用功能上，又有商业、文化、体育、会展等多种功能。复合型地下商业街常以广场为中心，沿道路向外延伸，通过地下人行通道与周边地下空间相连，从而形成整体网络型地下商业街。

2. 按规模分类

1）小型

面积在 3000m² 以下，商店少于 50 个。这种地下商业街多位于车站地下层或大型商业建筑的地下室，由地下人行通道互相连通而形成。

2）中型

面积 3000～10000m²，商店 30～100 个，多为上一类小型地下商业街的扩大，从地下室向外延伸，与更多的地下室相连通。

3）大型

面积大于 10000m²，商店数在 100 个以上。这里，又有三种情况：一是广场或街道下的地下商业街；二是以车站建筑的地下层为主的地下商业街，加上与之相连通的地下室；三是上面两种情况复合而成的规模非常大的地下商业街。

5.2.4 地下商业街的规划开发类型

1. 开发类型

1）单建式地下商业街

在城市道路、广场、绿地等下方单独建设的地下商业建筑，建筑内部有公共人行通道，通道两侧布置商业店铺（图 5-3a）。

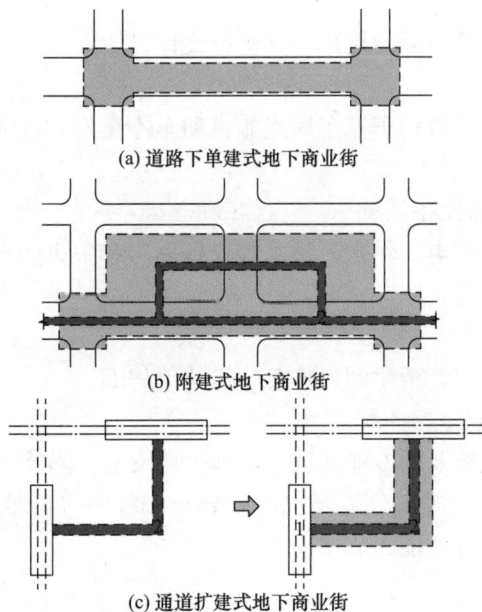

(a) 道路下单建式地下商业街

(b) 附建式地下商业街

(c) 通道扩建式地下商业街

图 5-3　地下商业街开发形式示意图

2）附建式地下商业街

以城市各地块中修建的附建式地下商场为主体，或在原基础上进行扩建，并设有专门的人行通道，与外部地下公共人行系统相连通（图 5-3b）。

3）通道扩建式

将原本用来连接地下空间设施的公共人行通道进行扩建，沿通道两侧扩展商业店铺，从而形成地下商业街（图 5-3c）。

2. 功能整合建设

（1）地下商业街中通道要以公共人行交通功能为主，兼顾商业空间的建设。

（2）地下商业街应与周边地下公共建筑以及地下停车库相互连通，满足步行通道功能。

（3）地下商业街与地下停车库整合建设时，地下停车库宜布置在地下二层。

（4）地下商业街应与人防功能相结合，在战时发挥防护作用。

5.2.5 地下商业街的建筑设计

5.2.5.1 地下商业街的功能分析及组成

1. 地下商业街功能分析

地下商业街的主要功能和作用是缓解城市繁华地带的土地资源紧缺、交通拥挤、服务设施缺乏的矛盾。广义来讲，它包括的内容较多，可以和许多不同领域、不同功能的地下空间建筑组合在一起。但就目前实践的状况看，地下商业街主要由以下几个功能组成：

1）地下公共人行系统

包括地下人行通道、过街通道、广场空间、连接通道、垂直交通及出入口等。

2）地下营业系统

可按商业、文化娱乐等不同的使用功能进行设计。

3）地下停车系统

地下商业街常配置地下机动车停车库或非机动车停车库，既能满足配建需求，又能为城市公共停车服务。

4）地下商业街的内部设备系统

包括通风、空调、变配电、供水、排水等设备用房和中央防灾控制室、备用水源及备用电源用房等。

5）辅助系统

包括管理、办公、仓库、卫生间、休息、接待等房间。

2. 地下商业街功能组成

地下商业街规划研究涉及的专业面很广，如道路交通、城市规划、建筑设备、防灾防护等；而地下商业街某一组成部分情况也有差异，一般中小型地下商业街主要由营业区域、公共区域、辅助运营等功能组成（图 5-4）。

1）营业区域

地下商业街营业区主要包括各主题店面（如餐饮、超市、游艺、文化娱乐等）及商业服务设施等。

2）公共区域

主要包括出入口（各类楼梯、电扶梯、升降梯、下沉广场等）、公共人行通道、节点

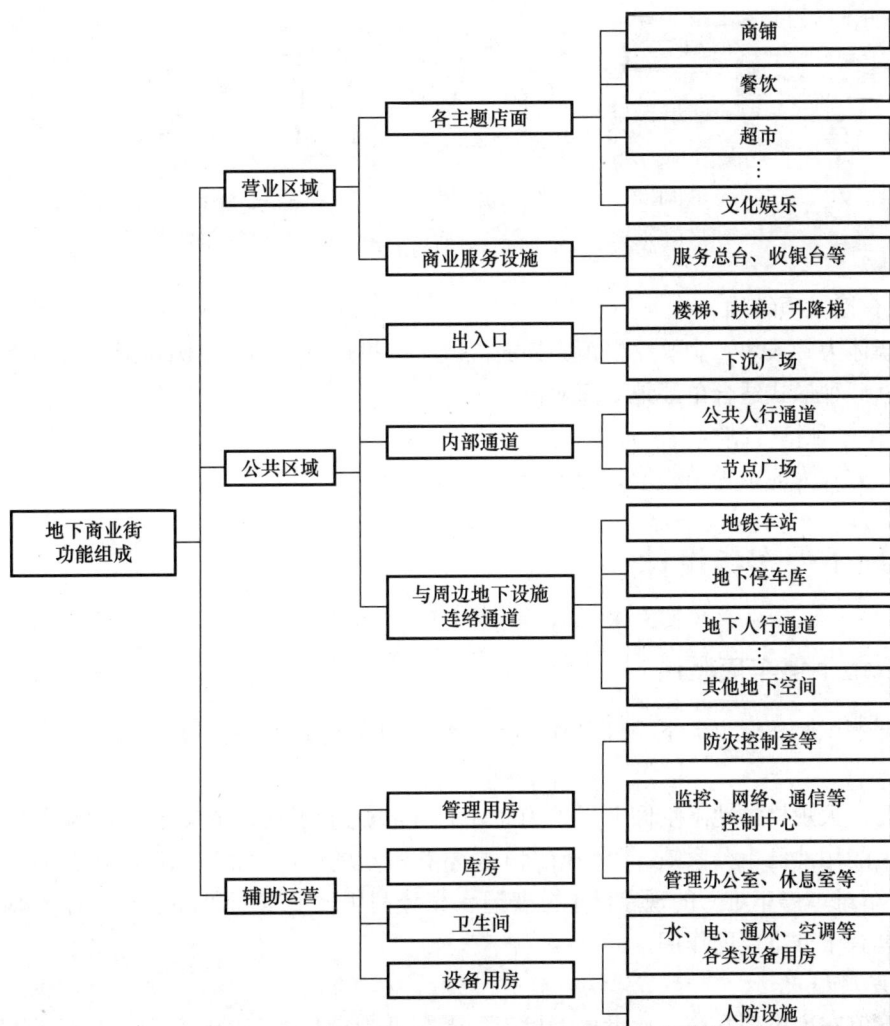

图 5-4　地下商业街功能组成

广场、地下商业街与周边地下设施联络通道等。

3）辅助运营

辅助设施主要保障与管理地下商业街的正常运营。主要包括各类管理用房、设备用房、库房及卫生间等设施。如消防控制中心，管理办公室，监控、网络、通信等控制中心，水、电、通风、空调等各类设施用房，人防设施等。

3. 结构类型

地下商业街结构方案同地面建筑有所差别，常做成现浇顶板、墙体、柱承重，没有外立面要求，只有室内环境要求。地下商业街的结构主要有矩形框架、直墙拱顶和拱平顶结合三种形式（图 5-5）。

1）矩形框架结构

此种方式采用较多。由于弯矩大，一般采用钢筋混凝土结构。其特点是跨度大，可做成多跨多层形式，中间可用梁柱代替，方便使用，节约材料。

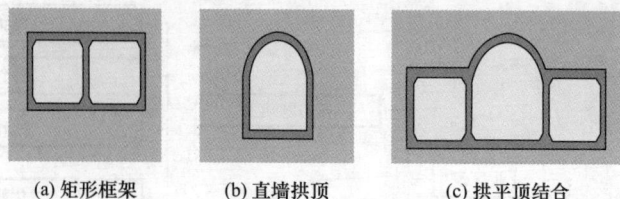

(a) 矩形框架　　　(b) 直墙拱顶　　　(c) 拱平顶结合

图 5-5　结构形式

2）直墙拱顶结构

即墙体为砖或块石砌筑，拱顶为钢筋混凝土。拱形有半圆形、圆弧形、抛物线形等多种形式。此种形式适合单层地下商业街。

3）拱平顶结合结构

此种方式为前两种结构形式的结合。

5.3　地下停车场设计

5.3.1　地下停车库概述

地下停车库是城市地下空间利用的重要组成部分，是解决城市停车问题的有效途径之一。

目前，大规模的地下空间开发均有地下停车设施的规划。主要原因是随着城市的发展，城市的用地已十分紧缺，且城市汽车总量在不断增加，而相应的停车设施不足。城市中，"行车难，停车难"的现象已十分普遍，充分利用地下空间建设停车库对缓解城市道路拥挤具有十分重要的作用。

1. 发展概况

地下停车库出现在第二次世界大战后，当时是为满足战争的防护及战备物资的储存、运送而出现的。大量建造地下停车库是在20世纪50年代后，尽管欧、美等发达国家和地区建造了大量地面停车场，由于地面空间有限而宝贵，欧、美等发达国家和地区开始建造规模较大的地下停车设施，此时的主要矛盾是汽车数量的增多与停车设施的不足。

2. 地下停车库的分类

1）按与地面建筑的关系分类（图 5-6）

（1）单建式地下停车库：是指不受地面建筑的制约而单独建造的地下停车库，一般建在广场、道路、绿地、空地的地下。

（2）附建式地下停车库：是建在地面建筑地下部分的停车库，应同时满足地面建筑及地下停车库两种使用功能要求，因此对柱网选择有一定的困难。大多数方案在解决这一问题时，常把裙房中餐厅、商场等使用功能区域与地下停车库相结合。

2）按停放方式分类（图 5-7）

（1）坡道式地下停车库：坡道是车辆主要的垂直运输设施，也是通往地面的唯一渠道。

优点：造价低，进出车方便、快速，不受机电设备运行状况影响，运行成本低。目前，所建的地下停车库大多为此种类型。

(a) 单建式地下停车库　　　　　　　(b) 附建式地下停车库

图 5-6　单建式与附建式地下停车库

(a) 坡道式地下停车库　　　　　　　(b) 机械式地下停车库

图 5-7　坡道式与机械式地下停车库

缺点：占地面积大，交通使用面积占车库使用面积较大，使用面积的有效利用率大大低于机械式停车库，并增大了通风量，增加了管理人员。

（2）机械式停车库：是使用机械设备作为运送或停放汽车的停车场。

优点：此类停车场利用垂直自动运输的方式，取消了坡道，停车场的占地面积小，利用率高，管理人员少。

缺点：进出车的速度较慢，造价较高。

3）按停放车辆的性质分类（图 5-8）

（1）公共停车场：是供社会车辆暂时停放的场所，具有公共使用性质，是一种市政服务设施。需求量大，分布面广，一般以停放大、小客车为主。

(a) 公共停车场

图 5-8　公共停车场与专用停车场（一）

(b) 专用停车场

图 5-8　公共停车场与专用停车场（二）

（2）专用停车场：以停放载重车为主，还可以停放其他特殊用途的车辆，如消防车、救护车等。

5.3.2　地下停车库总图设计

总图设计需要考虑的因素如下：

（1）场地的建筑布局、形式、道路走向、行车密度及行车方向。

（2）是否有其他地下空间设施，如地下商业街、地铁、综合管廊、地下道路等。

（3）周围环境状况，如绿化、道路宽度、高程、场地条件等。

（4）工程与水文地质情况，如地下水位、是软土还是硬土。若为岩石，则对总图设计影响很大。

（5）出入口数量和位置应符合现行国家标准，不宜直接与城市快速路及城市主干路相连接。

（6）出入口距离城市道路规划红线不应小于 7.5m，并在距出入口边线内 2m 处、视点的 120° 范围内至边线外 7.5m 以上不应有遮挡视线的障碍物（图 5-9）。

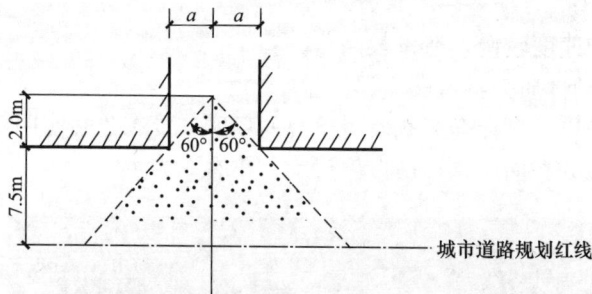

图 5-9　汽车库库址车辆出入口通视要求

（7）地下停车库出入口不宜设在主干路上，可设在次干路或支路上，并远离交叉口；地下车库的车辆出入口与城市人行过街天桥、地道、桥梁或隧道等引道口距离应大于 50m；距道路交叉口应大于 80m；距地铁出入口、公共交通站台边缘不应小于 15m；距公园、学校、儿童及残疾人使用建筑的出入口不应小于 20m。

（8）车库总平面内应有交通标志引导系统和交通安全设施。

（9）车库总平面内宜设置电动车辆的充电设施。具备充电条件的停车位数量比例需满足各城市的指标配制要求。电动车停车位宜集中布置，并宜设置在变配电室附近。

（10）单建式停车库要考虑车库建成后地面部分的规划，如绿地、广场、公园等。

5.3.3　地下停车库建筑设计

1. 地下停车库的建筑组成与基本流线

1）建筑组成

地下停车库建筑组成有以下几个部分：

（1）出入口：进出车用的车行出入口、人员出入口。

（2）停车库：主要有停车间、行车通道、步行道等。

（3）服务部分：收费处、等候室、卫生间、洗车，以及充电设施等。

（4）管理部分：门卫、调度、办公、防灾中心等。

（5）辅助部分：给水排水、供暖通风、电气系统、交通工程设施及防护用设备间等。

2）基本流线

地下停车库的一般流线是车由入口进入，然后洗车、存车、出库、收费，最后由出口离开。其基本流线如图 5-10 所示。

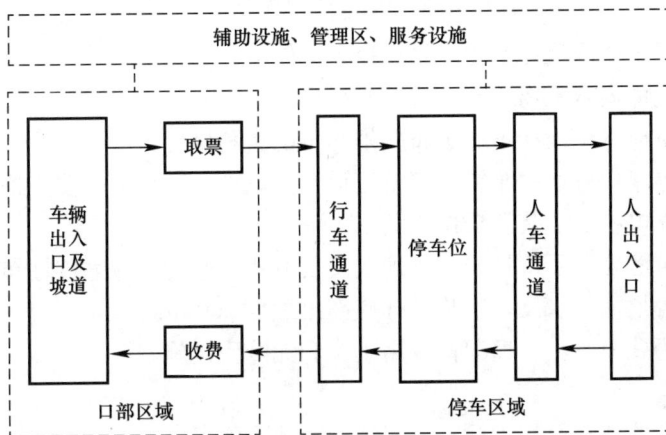

图 5-10　机动车地下停车库流线示意图

2. 地下停车库停车区域设计要求

停车区域是指车库中车辆行驶与停放的空间，主要由停车位与通车道组成，具体包括行车通道、停车位和停车通道、人行系统等。停车区域按停车楼板的形式，分为平层式、错层式和斜楼板式三种。见图 5-11。

1）停车区域设计要点

一般来讲，以停放一台车平均需要的建筑面积作为衡量柱网是否合理的综合指标。设计中，应注意以下设计要点：

（1）尽量做到充分利用面积。停车通道的双侧布置停车位，有利于节约建筑面积。

（2）需考虑地面排水措施，地漏（或集水坑）的间距不宜大于 40m；地漏周围 1m 半径范围应有 1‰ 的地面排水找坡。

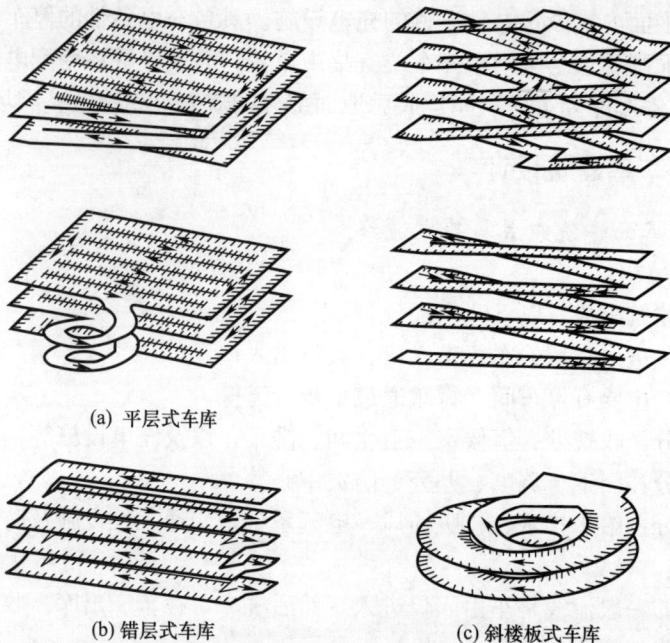

(a) 平层式车库

(b) 错层式车库　　　　　　　　　　(c) 斜楼板式车库

图 5-11　典型车库示意图

（3）尽可能减少柱网尺寸变化，结构完整、统一。

（4）保障一定的安全距离，避免遮挡和碰撞。

（5）设备用房应尽量设在不利于布置停车位的边角位置。

（6）电动车停车位应集中布置，应就近设置充电桩，并宜为一位一桩形式，以便使用和管理；应考虑充电桩的安装和操作空间。

（7）充电柱可考虑采用壁挂式或落地式安装方式。壁挂式应靠墙柱布置，落地式应远离排水沟、地漏等地面排水点，安装基础应高出地面 200mm。

（8）停车库为残障人士合理配置专用车位和无障碍设施。

2）面积估算

地下停车库主体建筑面积指标主要有三项，地下停车库每台车所需面积指标，是根据国内近年来建造的一些地下停车库有关资料统计得出的（表 5-1），该指标为参考指标。

地下停车库的面积指标　　　　　　　　　　　　　　　表 5-1

指标内容	小型汽车库	中型汽车库
每停一台车需要的建筑面积/m²	35～45	65～75
每停一台车需要的停车部分面积/m²	28～38	55～65
停一台车需要的建筑面积/m²	75～85	80～90

3）车位平面尺寸

停车库设计取决于选定的基本车型，一般来说服务车型不可能太多，因为各类车型尺寸相差很大，尺寸的差别会影响到车库建筑面积和空间利用率，所以必须选定一种基本车型来确定车库的柱网。按照《车库建筑设计规范》JGJ 100—2015 中的统计归纳结果，机动车设计车型的外轮廓尺寸可按表 5-2 取值。

4）净距

指最近距离。当墙、柱外有凸出物时，从其凸出部分外缘算起。单间停放与开敞停放的情况如图 5-12、图 5-13 所示。单间停放指一台车周围有墙或车的情况，开敞停放指一台车周围有柱的情况。

机动车设计车型的外轮廓尺寸　　　　　　　　表 5-2

设计车型		外轮廓尺寸/m		
		总长	总宽	总高
微型车		3.80	1.60	1.80
小型车		4.80	1.80	2.00
轻型车		7.00	2.25	2.75
中型车	客车	9.00	2.50	3.20
	货车	9.00	2.50	4.00
大型车	客车	12.00	2.50	3.50
	货车	11.50	2.50	4.00

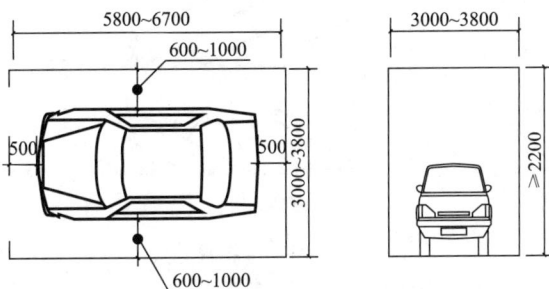

图 5-12　单间车位式车库示意图

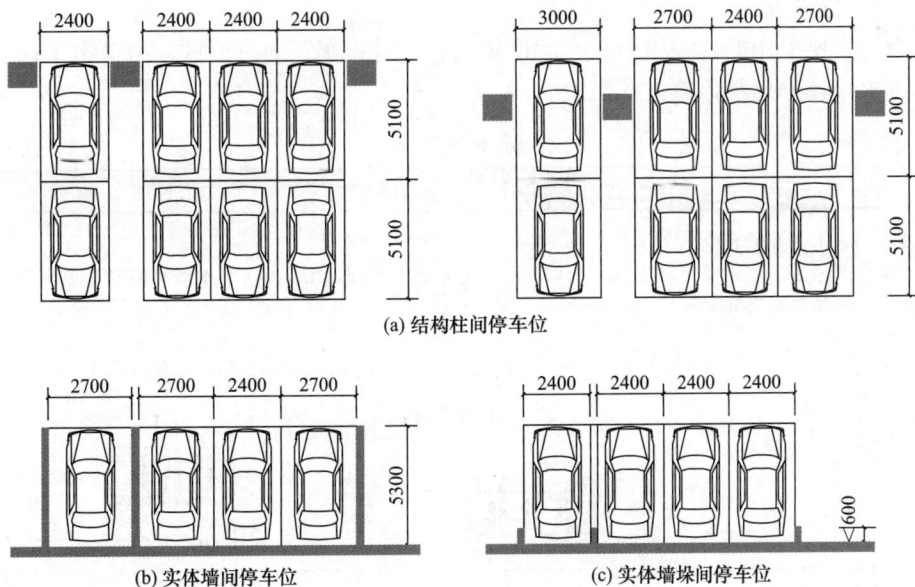

(a) 结构柱间停车位

(b) 实体墙间停车位

(c) 实体墙垛间停车位

图 5-13　停车区域车位布置示意图

5）停放角度与停驶方式

车辆停放角度是指停车时汽车的轴线与行车道中心线之间的夹角，一般有 0°、30°、45°、60°、90°等，如图 5-14 所示。

(a) 平行式   (b) 斜列式60°   (c) 斜列交叉式（鱼骨式）45°

(d) 斜列式45°   (e) 斜列式30°   (f) 垂直式

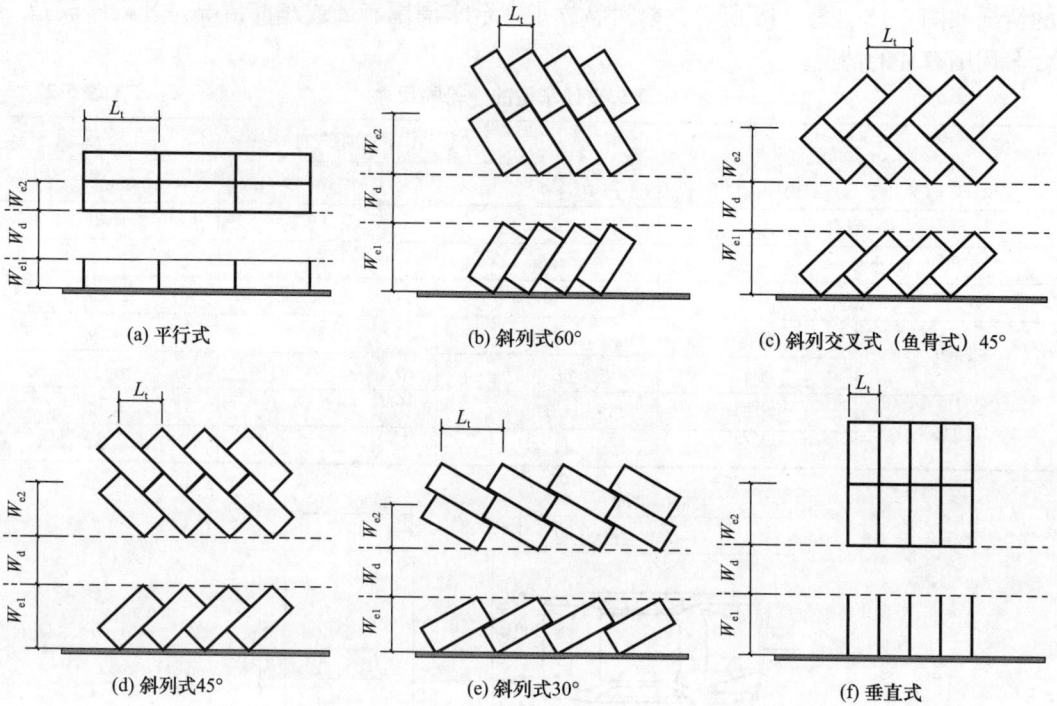

图 5-14　停车位布置方式

W_d—通车道宽度；W_{e1}—垂直于通车道的停车位尺寸（靠墙车位）；

W_{e2}—垂直于通车道的停车位尺寸（中间车位）；L_t—平行于通车道的停车位尺寸

6）汽车停驶方式

是指存车所采用的驾驶措施，有后退停放，前进出车；前进停放，后退出车；前进停放，前进出车三种驾驶停放方式（表 5-3）。

停车方式　　　　　　　　　　　　　　　　表 5-3

后退停放，前进出车	前进停放，后退出车	前进停放，前进出车
所需车道宽度小；进车较慢，出车快；停车位前部的通车道需要保证足够的长度；车辆之间需要留有一定的空间	所需车道宽度较大；进车方便，出车较慢	停车位前后均需要有通车道，所需通道面积大；进车方便，出车快

→前进行驶　----→倒退行驶

7）通车道宽度

（1）行车通道：指停车区域内供车辆行驶的通道，应满足车辆行驶的车道宽度。行车通道有直线和曲线两种形式。停车通道是指与停车位相连，并能满足车辆进出停车位所需回转空间要求的通道。停车通道同时具有行车通道功能。

（2）通车道宽度：取决于汽车车型、停放角度和停驶方式。机动车最小停车位、通（停）车道宽度应根据所采取的车型的转弯半径等有关参数，用计算法或几何作图法求出在某种停车方式下所需的行车通道最小宽度，再结合柱网布置，适当调整后确定合理的尺寸。

现行规范中直接给出小型车的最小停车位、通（停）车道宽度，小型车地下停车库内单向行驶通道宽度不应小于3.0m，双向行驶行车通道宽度不应小于5.5m（图5-15）。小型车的最小停车位、通（停）车道宽度宜符合表5-4的规定。

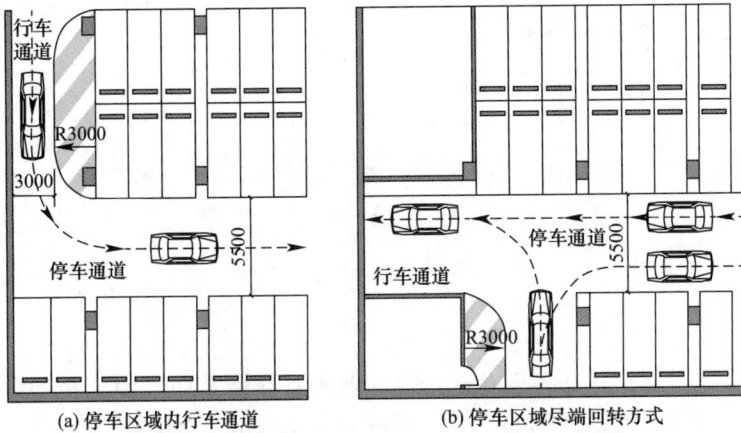

图5-15　停车区域内行车通道及尽端回转方式

小型车的最小停车位、通（停）车道宽度　　　　　表5-4

停车方式		垂直通车道方向的最小车位宽度/m		平行通车道方向的最小停车位宽度 L_t/m	通车道最小宽度 W_d/m
		W_{e1}	W_{e2}		
平行式	后退停车	2.4	2.1	6.0	3.8
斜列式	30° 前进（后退）停车	4.8	3.6	4.8	3.8
	45° 前进（后退）停车	5.5	4.6	3.4	3.8
	60° 前进停车	5.8	5.0	2.8	4.5
	60° 后退停车	5.8	5.0	2.8	4.2
垂直式	前进停车	5.3	5.1	2.4	9.0
	后退停车	5.3	5.1	2.4	5.5

8）停车区域人行系统

人行系统包括人行出入口和人行通道。人行出入口开向通车道时，应设置缓冲空间和安全防护设施；电梯不应直接开向行车通道，宜结合楼梯间设置。大型停车库宜设置人行通道，通道宽度可按1m取值。

5.3.4 平面柱网与层高

1. 平面柱网

决定平面柱网尺寸的因素有如下几个方面：

(1) 停放角度及停驶方式，一个柱距内停放车辆台数；

(2) 车辆停放所必需的安全距离及防火间距；

(3) 通道数及宽度；

(4) 结构形式及柱断面尺寸；

(5) 如果是多层又不都是车库层，则柱网应考虑非停车功能等。

附建式停车库的柱网布局和结构形式会受到主体建筑的限制，而单建式停车库的柱网布局和结构形式应充分满足停车功能要求。当地下停车库柱间停放 1～3 台小型车时，所需的柱间最小净距如图 5-16 所示。

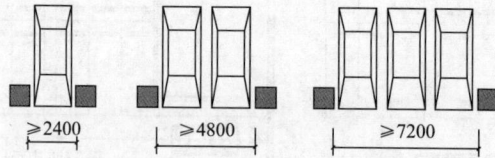

图 5-16 柱间车位布置示意图

2. 层高

地下停车库的层高取决于停车位的净高、各种管线所占用空间的高度以及结构高度，停车位的净高取决于汽车高度、通行安全高度。车库最小净高见表 5-5。

车库最小净高 表 5-5

车型	最小净高/m
微型车、小型车	2.2
轻型车	2.95
中型、大型客车	3.7
中型、大型客车	4.2

5.3.5 地下停车库出入口布置

出入口是停车区域和场地之间的连接部位，也是保证车辆进出车库流线畅通的重要部位，出入口的数量和位置应满足相关规范的要求，具体布置有如下要求：

(1) 出入口宜与基地内部道路相连通，如直接开向城市道路，应满足基地出入口的各项要求。

(2) 出入口应设缓冲段与道路相连通。

(3) 车辆出入口不宜设在消火栓接到安全岛的附近，以及其他禁止停车地段和地势低洼地段，出入口也不宜朝向道路的交叉点上。

(4) 双向行驶出入口宽度不应小于 7m，单向行驶时不应小于 4m。各汽车出入口之间的净距应大于 15m。

（5）机动车库的人员出入口与车辆出入口应分开设置，机动车升降梯不得替代乘客电梯作为人员出入口，并应设置标志。

（6）对于消防车专用地下停车库应设人员紧急入口，可采用滑梯、滑杆等形式。

（7）出入口数量要求，见表 5-6。

地下汽车库的规模与机动车库出入口数量　　　　　　　　表 5-6

规模	特大型	大型	中型		小型
停车当量/辆	＞1000	301～1000	101～300	51～100	＜50
或兼职面积/m²	＞10000	＞10000	5001～10000	2001～5000	≤2000
汽车出入口数量/个	≥3	≥2	≥2	≥1	≥1

5.4　地下人防工程

5.4.1　人民防空工程

人民防空工程：是为战时保障国家人民生命财产安全而修建的地下防护工程，简称人防工程，又称民防工程。本书中，以下均简称人防工程。

5.4.2　人防工程的分类

1. 按战时使用功能分类

根据战时不同的功能要求，人防工程划分为五类：指挥工程、医疗救护工程、人员掩蔽工程、防空专业队工程和配套工程。

1）指挥工程

此类建筑系指各级人防指挥所。人防指挥所是保障人防指挥机关在战时能够不间断工作的人防工程。

2）医疗救护工程

按照医疗分级和任务的不同，医疗救护工程可分为中心医院、急救医院和救护站。

3）人员掩蔽工程

根据战时掩蔽人员的作用，人员掩蔽工程分为两类：一等人员掩蔽所系指供战时坚持工作的政府机关、城市生活重要保障部门（电信、供电、供气、供水、食品等）、重要厂矿企业和其他战时有人员进出要求的人员掩蔽工程；二等人员掩蔽所系指战时留城的普通居民掩蔽所。

4）防空专业队工程

防空专业队是按专业组成担负防空勤务的组织。他们在战时担负减少或消除空袭后果的任务。由于担负的战时任务不同，防空专业队分为抢险抢修、医疗救护、消防、防化、通信、运输和治安等专业队。

5）配套工程

配套工程主要包括：区域电站、区域供水站、核生化监测中心、物资库、警报站、食品站、生产车间和汽车库等。

2. 按工程构筑方式分类

人防工程按构筑方式，分为明挖工程和暗挖工程。明挖工程又分为单建式和附建式两种，暗挖工程又分为坑道式和地道式两种。

3. 按防护特性分类

人防工程按防护要求，分为甲类人防工程及乙类人防工程。甲类人防工程要求抵御核武器、常规武器、生化武器和次生灾害，而乙类人防工程只考虑常规武器、生化武器和次生灾害。在工程设计特点中，甲类人防工程一般为全埋式地下工程，而乙类人防工程可以按半地下室考虑等。

5.4.3 人防工程的分级

人防工程的抗力等级主要用以反映人防工程能够抵御敌人核袭击能力的强弱，其性质与地面建筑的抗震设防烈度有些类似，是一种国家设防能力的体现。抗力等级按防核爆炸冲击波地面超压的大小和抗常规武器的抗力要求划分。

目前，常见的面广量大的防空地下室一般为抗核武器 4 级、4B 级、5 级、6 级和 6B级，抗常规武器 5 级和 6 级。

防化分级是以人防工程对化学武器的不同防护标准和防护要求划分的等级，防化等级也反映了对生化武器和放射性沾染等相应武器（或杀伤破坏因素）的防护。现行《人民防空地下室设计规范》GB 50038—2005 包括了乙级、丙级和丁级的各防化等级的有关防护标准和防护要求。

5.4.4 人防工程规划的原则

1. 结合城市战略地位的原则

城市的战略地位是国家防护等级确定的重要依据，包括城市在战争中可能遭受的打击程度、城市在平时及战争中的重要性程度等。

2. 平时与战时相结合的原则

在相对和平时期坚持"平战结合"原则，做到既能在和平时期的生产和生活以增强经济效益，又能在战争时期起到有效防御的目的。"平战结合"应针对大量建造的工业与民用、市政、交通等所有地下空间建筑。

3. 结合城市地貌、地质等技术条件的原则

充分利用城市的地形地貌和地质状况可减少人防工程的建造费用，如在山区，岩石地质条件决定建筑规划的埋深并增加暗挖可能性，地形条件有利于伪装，整体防护及防御效果较好。

4. 结合城市经济发展的原则

每个城市的经济条件不同，可根据现有经济发展水平进行人防工程规划。

5. 防护体系完善的原则

人防工程规划应具备良性的循环系统，如交通、生活、生产、指挥、医疗、动力、储存、抢救、攻击等所有系统的有机组合，这些系统平时可直接为社会服务，战时则担负起防护职能。

6. 防护等级合理的原则

根据其在战时的重要性程度来制定相应的防护等级，并根据防护等级进行建设。

7. 结合现代高技术战争特点的原则

现代战争的特点主要是战争的目的与打击方式的改变，使攻击性及准确性大大提高。

5.4.5 人防工程主体防护设计

1. 人防与非人防工程建筑设计的主要区别

1) 防护等级的区别

人防建筑设计有防护等级的要求，这个等级是由国家有关部门颁布，并且通常按由低到高的等级来划分，具体采用什么等级需要经过国家相关部门的审批来确定。

2) 结构荷载不同

由于人防工程建筑考虑爆炸荷载作用，所以结构体系与非防护结构具有较大差别，该差别还体现在结构上不同的安全可靠度。

3) 审批程序不同

工程管理及项目审批尽管大多都经过建设、规划、人防、卫生等各个管理部门进行审批，但是人防工程的建设、管理、审批主要归属人防管理部门，而非人防工程审批主要归属建设规划部门。

4) 使用功能的不同

人防工程由于考虑了平时与战时的两种功能设计，这在一定程度上影响了功能布局及设计要求，人防建筑设计有防护分区及平战结合要求，这是人防工程建筑设计的主要特点。

5) 工程要求不同

人防工程具有防护、密闭、防毒等要求，而非人防工程没有此要求。

2. 人防工程相关规模与指标

人防工程防护通常分为主体防护和口部防护。主体防护是指人防工程中能满足战时防护和主要功能要求的部分，是满足人员、物资、装备等战时所需要的防护和生存要求的部分。

人防工程掩蔽面积：是指供掩蔽人员、物资、车辆使用的有效面积，其值为与防护密闭门（和防爆波活门）相连接的临空墙、外墙外边缘形成的建筑面积扣除结构面积和下列各部分面积后的面积：

(1) 口部房间、防毒通道、密闭通道面积；

(2) 通风、给水排水、供电、防化、通信等专业设备房间面积；

(3) 厕所、盥洗室面积。

3. 人防工程主体相关墙体名称

1) 防护单元与抗爆单元

防护单元：是指人防工程中防护设施和内部设备均能自成体系的使用空间。

抗爆单元：是指在防护单元中用抗爆隔墙分隔成的空间。

2) 防护单元隔墙

相邻防护单元之间应设置防护密闭隔墙，亦称防护单元隔墙，相邻防护单元之间的隔墙应为整体浇筑的钢筋混凝土防护密闭墙。

3）抗爆隔墙

相邻抗爆单元之间应设置抗爆隔墙。两相邻抗爆单元之间应至少设置一个连通口。在连通口处抗爆隔墙的一侧应设置抗爆挡墙。抗爆单元之间抗爆挡墙、隔墙的作用是阻挡炸弹气浪及碎片，防止相邻抗爆单元内的人员受到伤害，因此设计中对抗爆挡墙、隔墙的材质、强度、做法和尺寸等都有一定的要求。抗爆挡墙的材料和厚度应与抗爆隔墙相同。

5.4.6 人防工程口部防护设计

口部：是指人防工程主体与地表面或其他地下建筑的连接部分。

如对于有防毒要求的人防工程，口部一般包括：竖井、扩散室、缓冲通道、防毒通道、密闭通道、洗消间或简易洗消间、预滤室、滤毒室和出入口最外一道防护门或防护密闭门以外的通道等。

口部防护设计是人防工程战时防护的关键环节，也是设计中的重点和难点，是使战时地下空间与地面或地面建筑保持必要联系的保障，如人员、设备的进出，工程通风换气，给水排水及内外联系所必须设置的各种管线孔口等。

1. 出入口的分类

（1）按战时功能，分为主要出入口、次要出入口和备用出入口。

A. 主要出入口：是指战时人员或车辆进出有保障，且使用方便的出入口。

要求每个防护单元应至少设一个主要出入口，与其他出入口应有距离，掩蔽且不易被堵塞。即便在战时室外染毒状态下，应能保证人员、车辆方便进入。该出入口常与排风口结合并设置洗消设施，其结构应满足战时抗力要求。

B. 次要出入口：是指战时主要供空袭前使用，当空袭使地面建筑遭到破坏后可以不再使用的出入口。

C. 备用出入口：是指战时一般情况下不使用，当其他出入口遭破坏或堵塞时应急使用的出入口。备用出入口应在空袭条件下不易被破坏和堵塞。备用出入口可采用垂直式，并宜与通风竖井合并设置。竖井的平面净尺寸不宜小于 1.0m×1.0m。当井口出地面部分在地面建筑倒塌范围以内时，其高出地面部分应采取防倒塌措施。

（2）按位置，分为室内出入口、室外出入口和连通口。

A. 室内出入口：是指通道的出地面段（无防护顶盖段）位于人防工程上部建筑投影范围以内的出入口，通常位于上部建筑的楼梯间。战时空袭后由于建筑物的倒塌，室内出入口容易被堵塞，故室内出入口战时只能用作次要出入口。

B. 室外出入口：是指通道的出地面段（无防护顶盖段）位于人防工程上部建筑投影范围以外的出入口。

C. 连通口：是指人防工程（包括防空地下室）之间在地下相互连通的出入口。人防工程中防护单元之间为满足平时使用，在防护单元隔墙上开设的供平时通行、战时封堵的孔口称为单元间平时通行口。

2. 出入口的形式

出入口形式是指其防护门（防护密闭门）以外通道的形式。供人员及设备使用的出入口，主要形式有直通式（图 5-17）、单向式（图 5-18）、穿廊式（图 5-19）、竖井式、楼梯式等几种。不同的形式其冲击波压力可能不同，平面与剖面设计也不同。

图 5-17 直通式出入口

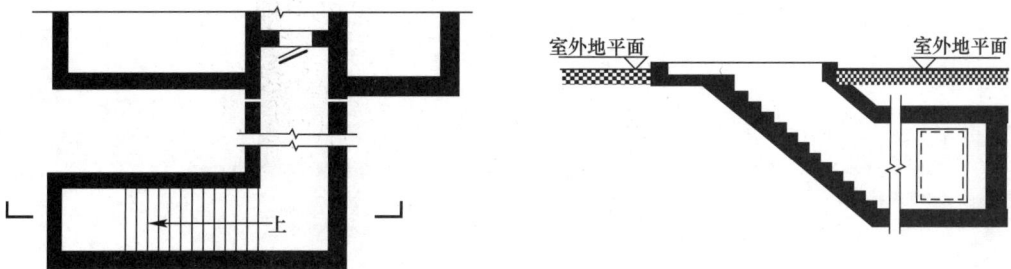

图 5-18 单向式出入口

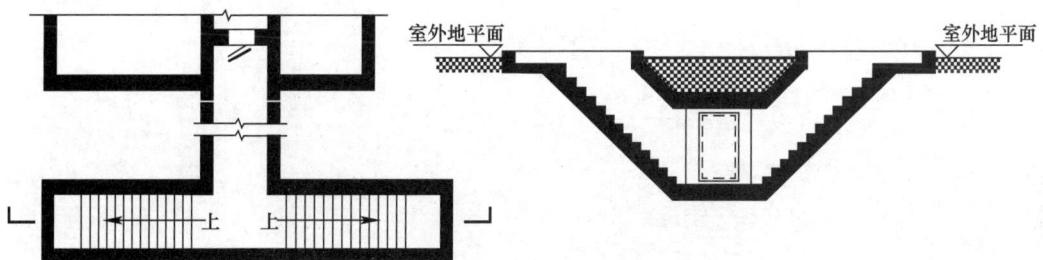

图 5-19 穿廊式出入口

思考题

1. 简述决定平面柱网尺寸的因素有几个方面。
2. 地下停车库建筑由哪几个部分组成？
3. 简述人防与非人防工程建筑设计的主要区别。
4. 人防工程中出入口有哪几种形式？

第6章
交通土建工程

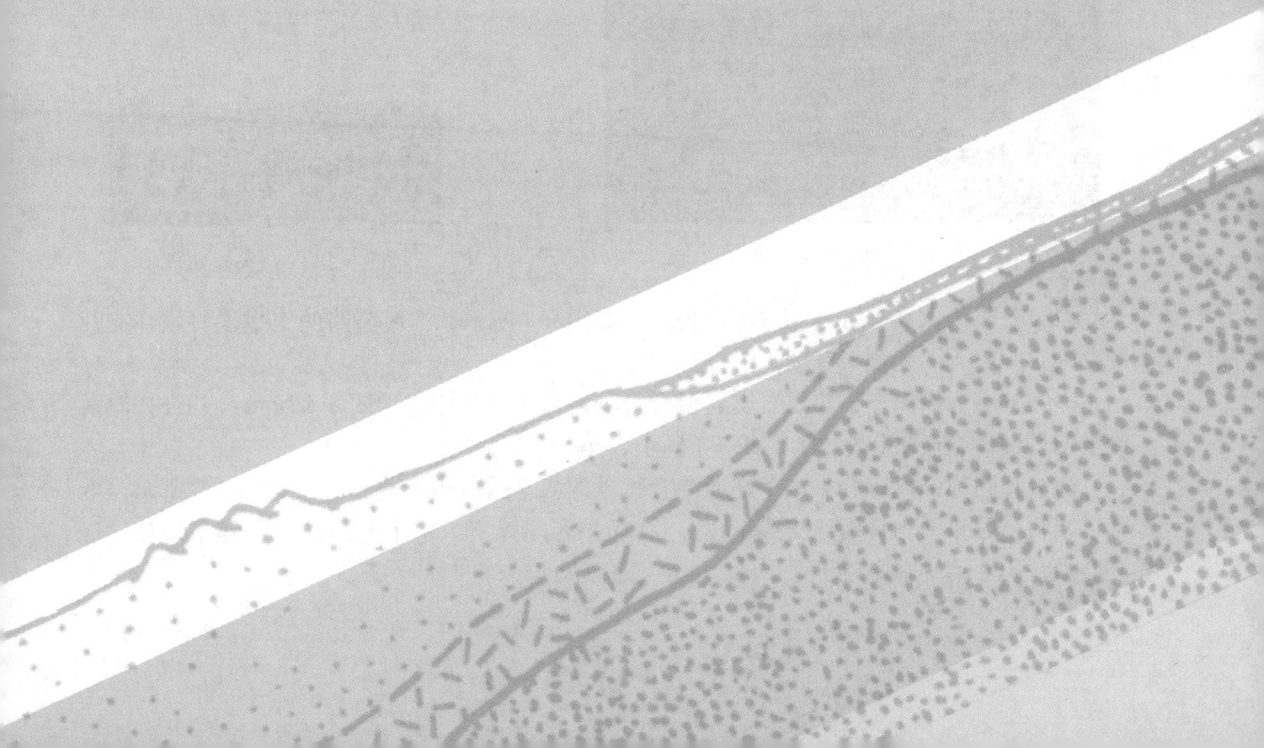

学习目标:

1. 了解道路的分类;
2. 掌握道路的基本组成及结构形式;
3. 掌握桥梁工程的分类与特点;
4. 了解隧道的类型;
5. 掌握隧道的结构组成。

6.1 道路工程

6.1.1 道路分类

道路是供各种车辆和行人等通行的工程设施。按其使用特点,可分为公路、城市道路、厂矿道路、林区道路及乡村道路。

1. 公路的分类与分级

公路按照交通功能,分为干线公路、集散公路和支路三类。干线公路细分为主要干线公路和次要干线公路,集散公路细分为主要集散公路与次要集散公路。

公路按《公路工程技术标准》JTG B01—2014,根据交通量、使用任务和性质可划分为五个等级。

高速公路为专供汽车分向、分车道行驶,全部控制出入的多车道公路,如图 6-1 所示。高速公路的年平均日设计交通量宜在 15000 辆小客车以上。

一级公路为供汽车分向、分车道行驶,可根据需要控制出入的多车道公路,如图 6-2 所示。一级公路的年平均日设计交通量宜在 15000 辆小客车以上。

图 6-1 高速公路实景

图 6-2 一级公路实景

二级公路为供汽车行驶的双车道公路,如图 6-3 所示。二级公路的年平均日设计交通量宜为 5000~15000 辆小客车。

三级公路为供汽车、非汽车交通混合行驶的双车道公路,如图 6-4 所示。三级公路的年平均日设计交通量宜为 2000~6000 辆小客车。

四级公路为供汽车、非汽车交通混合行驶的双车道或单车道公路,如图 6-5 所示。双车道四级公路年平均日设计交通量在 2000 辆小客车以下,单车道四级公路年平均日设计交通量在 400 辆小客车以下。

图 6-3　二级公路实景

图 6-4　三级公路实景

图 6-5　四级公路实景

2. 城市道路的分类

城市道路是城市总体规划的主要组成部分。按照道路在城市道路网中的地位、交通功能及对沿线建筑物的服务功能，我国《城市道路工程设计规范（2016 年版）》CJJ 37—2012 将城市道路分为四类。

快速路为双向行车道、中央设有分隔带、进出口全部或部分采用立体交叉控制，为城市中大量、长距离和快速交通服务的城市道路，如图 6-6 所示。例如，北京的三环路和四环路、上海的外环线等。

主干路为实现连接城市各区和主要部分的交通干路，以交通功能为主，一般为三幅或四幅路，如图 6-7 所示，例如上海的内环高架路。

图 6-6　城市快速路实景

图 6-7　城市主干道实景

次干路与主干路组成道路网，起集散交通之用，兼有服务功能，一般情况下快慢车混合使用，如图 6-8 所示。

支路为次干路与街坊路的连接线，解决局部地区交通，以服务功能为主，如图6-9所示。道路两侧有时还建有商业性建筑等。

图6-8　城市次干道实景

图6-9　城市支路实景

城市道路的设计年限规定为：快速路与主干路为20年，次干路为15年，支路为10～15年。

6.1.2　公路建设

1. 公路的几何组成

公路基于自然条件或地形的限制，在平面上有转折、纵断面上有起伏。

1）平面

公路中线在水平面上的投影为平面线形。路线平面线形由直线（图6-10）、圆曲线和缓和曲线（图6-11）组成。当圆曲线的半径较小时，需设置加宽和超高。公路平面设计的主要内容是根据规划确定的路线大致走向，在满足车辆行驶的技术要求前提下，结合当地地形、地质水文条件，确定其具体方向，选择合适的平曲线半径，解决转折点处的曲线衔接；保证行车视距，使路线既符合技术要求，又经济合理。

图6-10　直线路段

图6-11　曲线路段

2）纵断面

公路中线的竖向剖面图为路线纵断面图。它反映了路中线地面起伏和设计路线的坡度情况。由于公路经过的地形是起伏不平的，汽车必须循着具有不同纵坡度的道路行驶。其中，纵坡度变化的交点，称为变坡点。为了便于行车，缓和纵坡折线而设的曲线称为竖曲线。根据坡度转折的形式的不同，分为凸形竖曲线和凹形竖曲线。同时，纵面设计还要满足最大纵坡和最小纵坡、最大坡长和最小坡长的要求。它是公路设计的重要技术文件之一。

3）横断面

垂直于路中线的方向上作垂直剖面，这个剖面上的图形称为横断面图。它反映线路横向的形状和尺寸。横断面主要是由行车道、路肩、边沟等组成。

4）平曲线的超高

当圆曲线半径小于不设超高的最小半径，而又要以设计车速在弯道上行驶时，由于汽车行驶在弯道上所产生的离心力会使汽车产生倾覆、滑移的危险，为了保证行车安全，应当在行车道部分设置超高，如图 6-12、图 6-13 所示。

图 6-12　曲线超高实景图

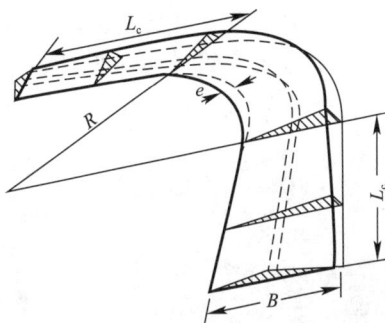

图 6-13　曲线超高示意图

5）曲线上的路面加宽

汽车在弯道上行驶时，前轴外轮的轨迹曲率半径大，后轴内轮的轨迹曲率半径小，则汽车在弯道上行驶需要的宽度比直线上行驶的宽度大，如图 6-14、图 6-15 所示。因此，当平曲线半径小于等于 250m 时，应在平曲线内侧加宽路面。

图 6-14　曲线加宽实景图

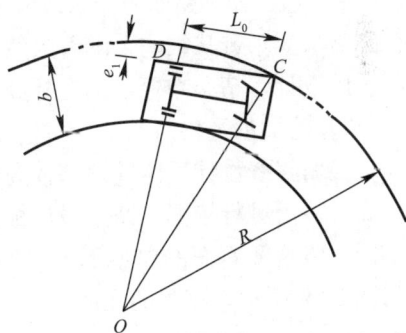

图 6-15　曲线加宽示意图

6）线形的平纵组合设计

对于设计速度大于等于 60km/h 的道路，必须重视平纵线形的合理组合。平纵配合的原则：

（1）在视觉上能自然而然地引导驾驶员的视线，并保持视觉的连续性。

（2）保持线形技术指标在视觉和心理上的大小平衡。

（3）选择合适的合成坡度，以利于路面排水和行车安全。

（4）注意与道路周围环境的配合。平包竖是最好的平纵组合形式。

平纵线形设计中应避免的组合情况有：

（1）避免竖曲线的顶部、底部插入小半径的平曲线；

（2）避免将小半径平曲线的起、讫点设在或接近竖曲线的顶部或底部；

（3）避免使竖曲线顶部、底部与反向平曲线的拐点重合；

（4）避免小半径的竖曲线与缓和曲线重合；

（5）避免在长直线上设置陡坡或长度短、半径小的竖曲线；

（6）避免出现驼峰、暗凹、跳跃等使驾驶员视线中断的线形。

以下例子为平纵配合不当的情况：

（1）长直线配长陡坡组合，如图 6-16 所示；

（2）波浪式道路，如图 6-17 所示；

（3）急弯陡坡组合，如图 6-18 所示。

图 6-16　长直线配长陡坡　　　图 6-17　波浪式道路　　　图 6-18　急弯陡坡组合

2. 公路的结构建设

1）路基的基本概念

公路路基是路面的基础，它承受着自身土体和路面结构的重量，同时还承受由路面传递下来的行车荷载。作为路面的支承结构物，路基必须具有足够的强度、稳定性和耐久性。

公路路基属于带状结构，随着天然地面的高低起伏，标高不同，路基设计需根据路线平、纵、横设计，精心布置，确定标高，为路面结构提供具有足够宽度的平顺基面。

2）路基的类型及构造

通常根据路线设计确定的路基标高与天然地面标高是不同的，路基设计标高低于天然地面标高时，需进行挖掘；路基设计标高高于天然地面标高时，需进行填筑。由于填挖情况的不同，路基横断面的典型形式可归纳为路堤、路堑和填挖结合（半填半挖）三种类型，如图 6-19 所示。路基的几何尺寸由高度、宽度和边坡组成。

(a) 路堤　　　　　　　　　　(b) 路堑　　　　　　　　　　(c) 半填半挖

图 6-19　路基类型

3）路基边坡的稳定性

路基边坡滑塌是公路上常见的破坏现象之一（图 6-20）。例如，在岩质或土质山坡上开挖路堑，有可能因自然平衡条件被破坏或者因边坡过陡，使坡体沿某一滑动面产生滑坡。对河滩路堤、高路堤或软弱地基上的路堤，也可能因水流冲刷、边坡过陡或地基承载力过低而出现填方土体（或连同原地面土体）沿某一剪切面产生坍塌。为此，必须对可能出现失稳或已出现失稳的路基进行稳定性分析，保证路基设计既满足稳定性要求，又满足经济性要求。

图 6-20　路基边坡滑塌现象

一般情况下，对于边坡不高的路基，如不超过 8.0m 的土质边坡、不超过 12.0m 的岩质边坡，可按一般路基设计，采用规定的坡率值，不作稳定性分析计算。对地质与水文条件复杂、高填深挖或有特殊使用要求的路基，应进行边坡稳定性的分析与计算。

4）路面工程

（1）基本概念

路面结构（也称铺面结构）是一种土木结构物，是改善地基结构抗力和表面行驶特性的措施的总称，是一种地基的浅表层加固措施。是铺筑在路基上、具有一定厚度、供行人和车辆通行的单层或多层结构物，具有承受荷载，抵抗磨耗，避免扬尘、泥泞和保持表面平整、抗滑的作用。图 6-21 为几种典型的铺面形式。

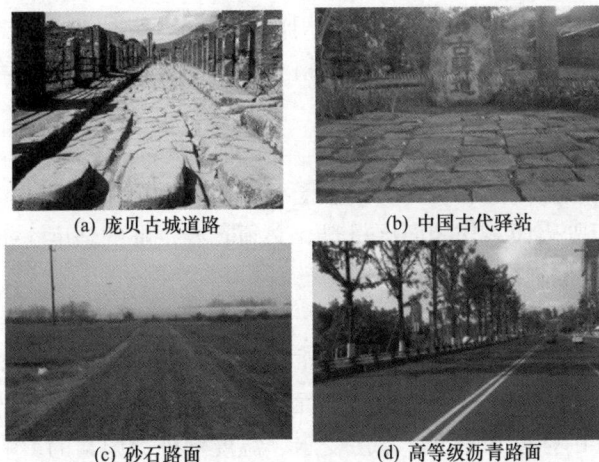

(a) 庞贝古城道路　　　　　　(b) 中国古代驿站

(c) 砂石路面　　　　　　(d) 高等级沥青路面

图 6-21　几种典型铺面形式（一）

(e) 码头联锁块铺面   (f) 砌块路面

(g) 公路水泥路面   (h) 机场水泥铺面

图 6-21　几种典型铺面形式（二）

路面结构是指车辆轮胎以下的整个结构物，但一般是指车辆轮胎以下、路床及以上的结构物，路床既是路基结构的一部分，也是路面结构的一部分，或者是混凝土桥/钢桥面板以上的结构物。在某些场合，路面结构仅指轮胎以下、路基以上的结构物。

路面结构一般是一种多层结构，不同层次通常由不同的材料组成。出于经济性和受力特点的考虑，用于下部层次的材料一般较弱，而其上各层则依次变强，即越是靠近表面，所采用的材料越强，以满足荷载和环境作用的要求。

路面工程是指从路面结构的规划、分析、设计、施工到养护管理的整个过程，包括经济、技术和管理等方面。路面的规划是指对路面工程整体策略的策划，包括资源分析以及路面类型的选择、路面时机的选择、分期修建策略、设计标准和年限考虑以及未来的养护策略考虑等，分析是指对路面所处环境、交通状况和性能的考虑以及对路面结构的定量计算，设计是指对结构组成、厚度和材料的选择，施工则是指对质量的要求和具体的建造，养护管理则是指铺面在使用过程中的养护和维修。

（2）路面结构组成

路而通常设计成多层次的结构，按照使用性能、受力状况、土基支撑条件和自然因素影响程度的不同，在路基顶面上采用不同规格和要求的材料分别铺设功能层、基层和面层等结构层。

A. 面层

面层是路面结构最上面的层次，直接承受行车荷载作用和外界环境的作用，并为车辆提供舒适、安全的行驶表面。作为面层材料，必须具有足够的强度、抗变形能力、抗温度开裂能力及良好的表面特性。

B. 基层

基层是面层下面的层次，是路面结构的重要组成部分。其作用主要是承接面层扩散下来的竖向力，并将其进一步扩散、传递到下面的结构层。基层是铺面结构中扩散荷载的主要层次，应具有足够的强度和刚度。基层受水、温度等外界因素的影响虽然不像面层那么大，但也要具有足够的水稳定性，包括强度稳定性、变形稳定性和耐冲刷性等多个方面，以确保整个路面结构的耐久性和使用寿命。

C. 功能层

功能层是介于基层和土基之间的层次，其主要作用是改善土基的温度和湿度状况，保证土基的强度和变形稳定性，并进一步扩散基层传递下来的荷载，以减小荷载引起的土基变形。所以，通常在季节性冰冻地区和土基水文状况不良时设置。

图 6-22 是典型高速公路沥青路面结构形式。而图 6-23 是某高速公路沥青路面结构的纵断面。

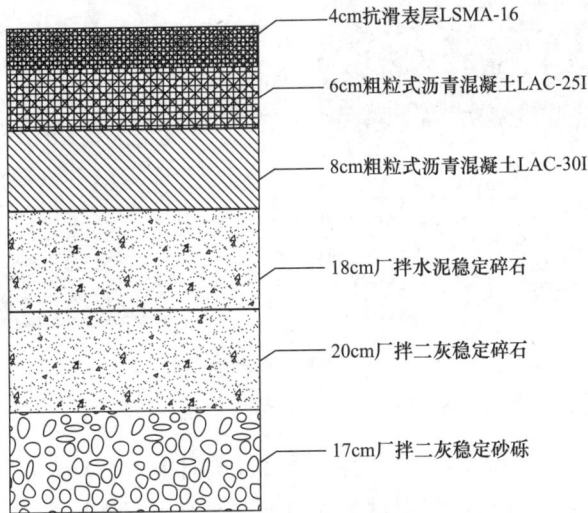

- 4cm抗滑表层LSMA-16
- 6cm粗粒式沥青混凝土LAC-25I
- 8cm粗粒式沥青混凝土LAC-30I
- 18cm厂拌水泥稳定碎石
- 20cm厂拌二灰稳定碎石
- 17cm厂拌二灰稳定砂砾

图 6-22　典型高速公路沥青路面结构形式

图 6-23　某高速公路沥青路面结构纵断面

（3）功能型路面简介

现代交通对路面性能要求不断增长，提高和扩展道路功能成为国内外道路领域的研究热点。特别是随着人们对道路安全性、舒适性、环保及资源再利用等方面的要求日益提高，实现路面的功能化，修筑更安全、更舒适、更友好、更节约、更环保的路面，成了道路设计、建设、投资和使用相关领域关注的重要问题。

A. 抑制冻结路面

在寒冷的冬季，许多公路与城市道路经常遭受冰雪的危害，降雪较大时基本呈冰雪路面状态。冰雪使路面附着系数大大降低，导致汽车打滑、制动距离显著延长，甚至刹车失灵、方向失控，造成严重的交通事故。因此，冰雪路面问题一直困扰着道路养护部门。

抑制冻结路面指面层采用抗冻结沥青混凝土的路面（图 6-24）。抗冻结混凝土主要分为化学类、物理类与物理化学综合类三种。化学类抑制冻结铺装技术的有效抗冻成分为盐化物。盐化物替代混合料中的部分矿质材料，可降低冰雪的冰点，达到融化冰雪的目的。物理类抑制冻结技术是采用橡胶颗粒填充混合料，即将一定规格的废橡胶颗粒加入到混合料中，以增加面层的柔性。在结冰后只要行车碾压，由于橡胶的弹性，冰层就会自动破裂。物理化学类抗冻结路面是同时掺加弹性体与盐化物后形成的路面结构，在积雪结冰的情况下发挥物理化学综合作用，有效地进行除雪化冰。

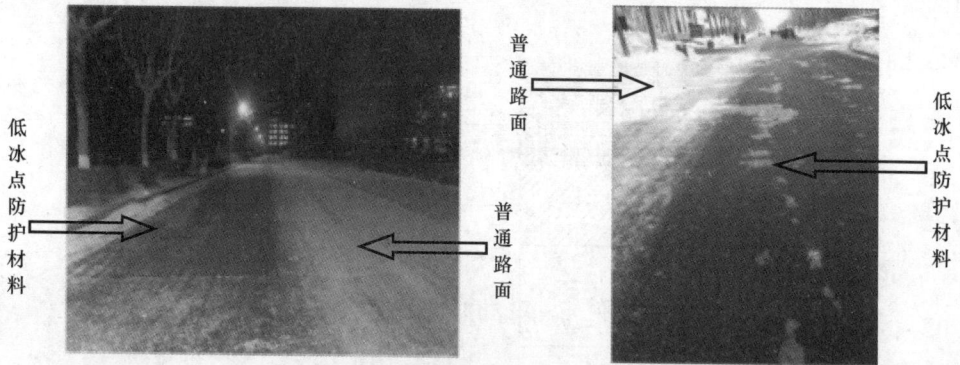

图 6-24 抑制冻结路面效果

B. 排水沥青路面

排水沥青路面，是指水能在其中自由流动并从侧向排出的沥青表层，由高空隙率的沥青混凝土取代传统沥青混凝土，利用材料的内部连通空隙实现排水功能（图 6-25）。在材料组成上，排水沥青混合料需使用高黏沥青、优质集料，并具有较大的空隙率（18%～25%）。此种混合料用作公路面层的主要目的在于改善雨天行车的视线及降低行车噪声，还可以提高路面的抗滑能力，降低雨天行车时轮胎溅起的水雾等。

图 6-25 排水沥青路面效果

C. 彩色沥青路面

彩色路面技术普遍应用于交通工程的安全管理，如在停车场、事故多发点、自行车道等地铺筑彩色路面（图 6-26）。此外，彩色路面还广泛应用于生活环境区，体育设施的装饰，美化，商业街区、旅游观光点等。现在，彩色路面铺筑材料已由初期的黑色沥青材料，发展到现在的浅色树脂类材料；路面的铺筑方式也由初期的涂布方法，发展到现在的薄层混凝土铺装方法。彩色沥青一般有两种生产方法：一种是采用聚合物合成，得到浅色的结合料，然后再用来替代沥青；另一种是经特殊工艺将沥青脱色，从而得到浅色沥青。

图 6-26　彩色沥青路面铺装

D. 抗车辙沥青混凝土路面

车辙的存在严重影响行车的舒适性和安全性，其维修处置需要大量的资金。目前，大多数地区的沥青混凝土路面都存在车辙病害。沥青路面车辙产生的重要原因是沥青混合料高温性能不足。提高沥青混合料高温稳定性的有效方法之一就是采用高模量沥青混凝土，修筑抗车辙沥青混凝土路面，从而减少车辆载荷作用下沥青混凝土产生的应变，以及减少沥青混凝土不可恢复的残余变形。实现高模量沥青混凝土的技术途径包括两种：一种是降低沥青黏度，采用硬质沥青或调和沥青；另一种为在沥青混合料中添加高模量沥青混凝土外加剂。图 6-27 为抗车辙沥青混凝土和其他沥青混合料的抗车辙效果对比。

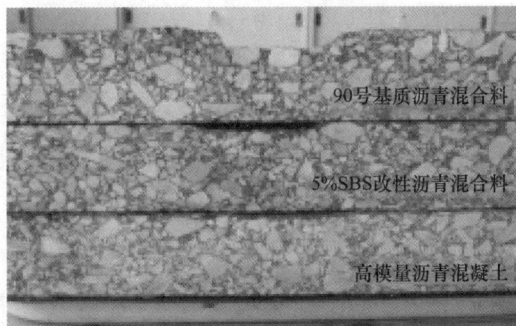

图 6-27　抗车辙沥青混凝土抗车辙效果

E. 半柔性路面

半柔性路面是将特殊级配的水泥胶浆灌入多孔的开级配沥青混合料的空隙之中（空隙率 20%～30%）而形成的路面。它通过沥青混合料骨料之间的嵌挤作用和灌入的水泥浆，共同形成强度。兼具水泥混凝土和沥青混凝土的优点，刚柔并济。相比沥青路面，半柔性路面的高温抗车辙性能突出；相比水泥混凝土路面，具有较低的模量，可改善交通的舒适性和耐久性。半柔性路面造价较高，一般用于重载严重的服务区、收费场站及特殊路段。图 6-28 为半柔性路面材料结构的特点。

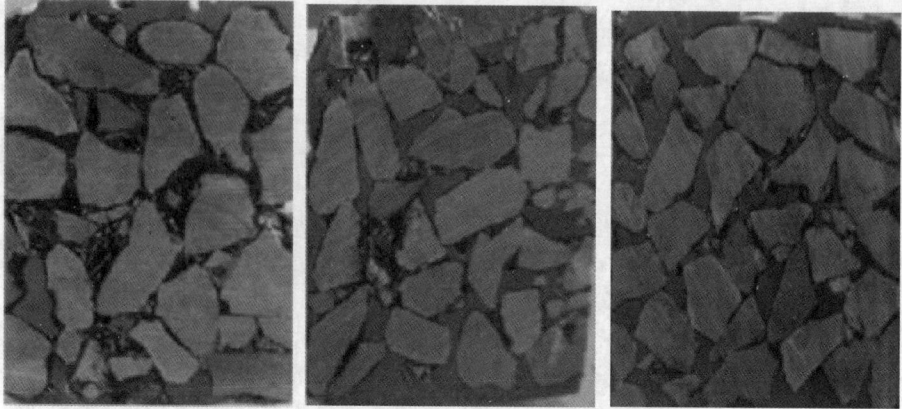

图 6-28　半柔性路面材料结构特点

6.2　桥梁工程

　　桥梁工程在学科上属于土木工程的分支，在功能上是交通工程的咽喉。广义上的桥梁是渡河、跨越沟谷、道路和铁路等障碍的建筑，既普通又特殊。普通，因为它是过河跨谷所必需，而河流峡谷则遍布大地，随处可见；特殊，因为它是空中的道路，结构复杂，施工困难。无论是在古代还是在现代社会，桥梁在国家的基础设施中都发挥着举足轻重的作用，代表着人类征服自然浓重的一笔。我国的桥梁建设与发展，无论是在古代还是在现代，在世界桥梁发展中都占有一席之地，如我国古代的赵州桥、洛阳桥等，现代的朝天门大桥、苏通大桥等。为了更好地学习和深入理解桥梁工程，本章主要对桥梁组成与分类、我国桥梁起源与发展、现代桥梁总体规划和设计要点，现代桥梁技术的发展等内容进行简单的讲述。

6.2.1　桥梁组成与分类

　　1. 桥梁组成

　　概括地说，现代桥梁由四个基本部分组成，即上部结构（superstructure）、下部结构（substructure）、支座（bearing）和附属设施（accessory）。

　　2. 桥梁的分类

　　桥梁的分类方式多种多样，主要有以下几种：

　　1）按工程规模分类

　　桥梁总长和单孔跨径都是桥梁建设规模的标志，其分类见表 6-1。

桥梁规模长度　　　　　　　　　　　　　　　　表 6-1

规模分类	公路桥		铁路桥
	桥梁总长 L/m	单孔跨径 l/m	桥梁总长 L_1/m
特大桥（super major bridge）	$L>1000$	$l_k>150$	$L_1>500$
大桥（major bridge）	$100 \leqslant L \leqslant 1000$	$40 \leqslant l_k \leqslant 150$	$100 < L_1 \leqslant 500$

规模分类	公路桥		铁路桥
	桥梁总长 L/m	单孔跨径 l/m	桥梁总长 L_1/m
中桥（medium bridge）	$30<L<100$	$20\leqslant l_k<40$	$20<L_1\leqslant100$
小桥（minor bridge）	$8\leqslant L\leqslant30$	$5\leqslant l_k<20$	$L_1\leqslant20$
涵洞（culvert）	—	$l_k<5$	$L_1<6$ 且顶上有填土

注：依据我国《公路桥梁设计通用规范》JTG D60—2015 和《铁路桥涵设计规范》TB 10002—2017。

2）按桥梁主体结构用材分类

有钢桥（steel bridge）、混凝土桥（concrete bridge）、钢混组合梁桥（steel-concrete composite bridge）、石桥（stone bridge）、木桥（timber bridge）等。工程上常把混凝土桥和砖石桥通称为圬工桥（masonry bridge）。

3）按桥梁用途分类

有铁路桥（railway bridge）、公路桥（highway bridge）、公铁两用桥（highway and rail transit bridge）、人行桥（foot bridge）、水运桥（aqueduct bridge）、农桥（rural bridge）等。

4）按结构体系分类

桥梁可以划分为梁桥（beam bridge）、拱桥（arch bridge）和索桥（suspension bridge）三大基本体系，其中梁桥以受弯为主，拱桥以受压为主，索桥以受拉为主（图 6-29）。除此之外，还有一种基本体系桥梁为桁架桥（truss bridge），该体系桥梁结构各受力杆件主要是以受拉压为主。

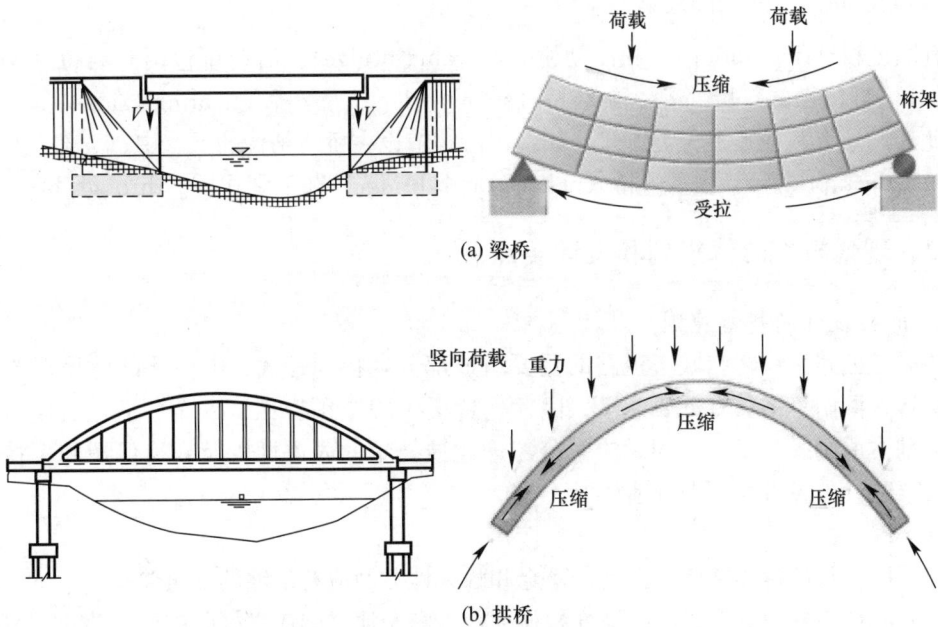

(a) 梁桥

(b) 拱桥

图 6-29 桥梁的基本受力体系（一）

(c) 索桥

(d) 桁架桥

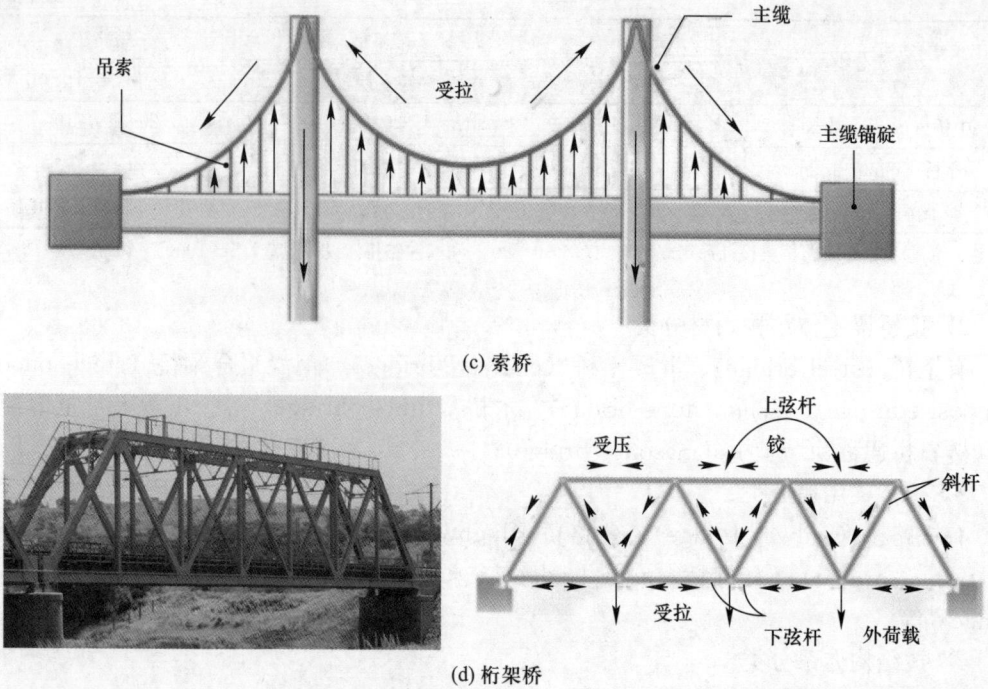

图 6-29　桥梁的基本受力体系（二）

5）按平面布置分类

有正桥（right bridge）、斜桥（skew bridge）、弯桥（curved bridge）等。

6）按桥梁的可移动性分类

有固定桥（fixed bridge）和活动桥（movable bridge）。活动桥包括开启桥（bascule bridge）、升降桥（lift bridge）、旋转桥（swing bridge）、浮桥（floating bridge）等。

此外，还有其他很多分类方式，如：按行车道设在桥跨结构的上、中、下部，分为上承式桥（deck bridge）、中承式桥（half-through bridge）和下承式桥（through bridge）。

6.2.2　现代桥梁总体规划和设计要点

1. 桥梁设计的基本原则

桥梁是公路、铁路和城市道路的重要组成部分，特别是大、中桥梁的建设对当地政治、经济、国防等都具有重要意义。因此，桥梁工程必须遵照"安全、适用、经济、美观"的基本原则进行设计，同时应充分考虑建造技术的先进性以及环境保护和可持续发展。桥梁建设的各方面要求分述如下。

1）安全性

（1）所设计的桥梁结构在强度、稳定和耐久性方面应有足够的安全储备。

（2）防撞栏杆应具有足够的高度和强度，人与车流之间应做好防护栏，防止车辆撞入人行道或撞坏栏杆而落到桥下。

（3）对于交通繁忙的桥梁，应设计好照明设施并有明确的交通标志，两端引桥坡度不宜太陡，以避免发生车辆碰撞等引起的车祸。

（4）对于河床易变迁的河道，应设计好导流设施，防止桥梁基础底部被过度冲刷；对于通行大吨位船舶的河道，除按规定加大桥孔跨径外，必要时设置防撞构筑物等。

（5）对于修建在地震区的桥梁，应按抗震要求采取防震措施；对于大跨柔性桥梁，尚应考虑风振效应；对于车速较高的铁路桥梁，还应考虑车辆耦合振动所引起的行车安全性及乘车舒适性问题。

2）适用性

（1）桥面宽度能满足当前以及今后规划年限内的交通流量（包括行人通行）。

（2）桥梁结构在通过设计荷载时不出现过大的变形和过宽的裂缝。

（3）桥跨结构的下面有利于泄洪、通航（跨河桥）或车辆和行人的通行（旱桥）。

（4）桥梁的两端方便与车辆的进入和疏散，而不致产生交通堵塞现象等。

（5）考虑综合利用，方便各种管线（水、电气、通信等）的搭载。

3）经济性

（1）桥梁设计应遵循因地制宜，就地取材和方便施工的原则。

（2）经济的桥型应该是造价和养护费用综合最省的桥型。设计中应充分考虑维修的方便和维修费用少，维修时尽可能不中断交通或中断交通的时间最短。

（3）所选择的桥位应是地质、水文条件好，并使桥梁长度较短。

（4）桥位应考虑建在能缩短河道两岸的运距，以促进该地区的经济发展，产生最大的效益。对于过桥收费的桥梁，应能吸引更多的车辆通过，达到尽快回收投资的目的。

4）美观性

一座桥梁应具有优美的外形，而且这种外形从任何角度看都应该是优美的。结构布置必须精练，并在空间有和谐的比例。桥型应与周围环境相协调，城市桥梁和游览地区的桥梁，可较多地考虑建筑艺术上的要求。合理的结构布局和轮廓是桥梁美观的主要因素；另外，施工质量对桥梁美观也有很大影响。

5）技术先进性

在因地制宜的前提下，桥梁设计应尽可能采用成熟的新结构、新设备、新材料和新工艺。在注意认真学习国外的先进技术，充分利用最新科学技术成就的同时，努力创新，淘汰和摒弃原来落后和不合理的设计思想。只有这样才能更好地贯彻适用、经济、安全、美观的原则，提高我国的桥梁建设水平，赶上和超过世界先进水平。

6）环境保护和可持续发展

桥梁设计应考虑环境保护和可持续发展的要求。从桥位选择、桥跨布置、基础方案、墩身外形、上部结构施工方法、施工组织设计等全面考虑环境要求，采取必要的工程控制措施，并建立环境监测保护体系，将不利影响减至最小。

2. 桥梁工程设计要点

1）选择桥位

桥位在服从路线总方向的前提下，选在河道顺直、河床稳定、水面较窄、水流平稳的河段。中小桥的桥位服从路线要求，而路线的选择服从大桥的桥位要求。

2）确定桥梁总跨径与分孔数

总跨径的长度要保证桥下有足够的过水断面，可以顺利地宣泄洪水、通过流冰。根据河床的地质条件，确定允许冲刷深度，以便适当压缩总跨径长度，节省费用。分孔数目及跨径大小，要考虑桥的通航需要、工程地质条件的优劣、工程总造价的高低等因素。一般来说，跨径越大，总造价越大，施工越困难。桥道标高也在确定总跨径、分孔数的同时予以确定。设计通航水位及通航净空高度是决定桥道标高的主要因素，一般在满足这些条件的前提下，尽可能地取低值，以节约工程造价。

3）桥梁的纵横断面布置

桥梁的纵断面布置是在桥的总跨度与桥道标高确定以后，来考虑路与桥的连接线形与连接的纵向坡度。连接线形一般应根据两端桥头的地形和线路要求而定。纵向坡度是为了桥面排水，一般控制在3％～5％。桥梁横断面布置包括桥面宽度、横向坡度、桥跨结构的横断面布置等。桥面宽度含车行道与人行道的宽度及构造尺寸等，按照道路等级，国家有统一的规定可循。

4）桥型的选择

桥型选择是指选择什么类型的桥梁，是梁式桥，还是拱桥；是刚架桥，还是斜拉桥；是多孔桥，还是单跨桥等。一般应从安全、实用与经济、合理等方面综合考虑，选出最优的桥型方案。实际操作中，往往需要准备多套可能的桥型方案，综合比较分析后才能找出符合要求的最优方案。

6.2.3 桥梁技术的发展

1. 大跨度桥梁向更长、更大、更柔的方向发展

研究大跨度桥梁在风、地震和行车动力作用下的结构安全性，研究适应空气动力学要求的各种流线形加劲梁。

采用以斜缆为主的空间网状承重体系。

采用悬索加斜拉的混合体系。

采用轻型而刚度大的复合材料做加劲肋，采用自重轻、强度高的碳纤维材料做主缆。

2. 新型材料的开发和应用

新材料应具有高强、高弹性模量、轻质的特点，研究超高强硅酸盐和聚合物混凝土、高强双相钢丝钢纤维增强混凝土、纤维塑料等一系列材料取代日前桥梁用的钢和混凝土。

3. 设计阶段的发展

提升桥梁设计理念，完善公路桥梁抗风、抗震等减灾防灾设计方法。建立健全公路桥梁全寿命周期设计理论，研究基于BIM（建筑信息模型）技术的桥梁设计。

4. 大型深水基础工程

针对超大跨越建设需求，需要研发水深超过70m的大型深水基础工程，以提高桥梁的跨越能力、支撑超大跨度结构体系的创新。

5. 自动检测和管理

研究高精度、长寿命、智能化传感器，发展桥梁关键性能指标长期跟踪监测技术，构建桥梁健康诊断及性能和抗力衰变监测技术体系与标准。

6. 重视桥梁美学及环境保护，注重功能拓展

桥梁是人类最杰出的建筑之一，如闻名遐迩的美国旧金山金门大桥、澳大利亚悉尼港桥、英国伦敦桥、日本明石海峡大桥、舟山西堠门大桥、苏通长江大桥、江阴长江大桥、

上海杨浦大桥、南京长江二桥、香港青马大桥等，这些著名大桥都是一件件宝贵的空间艺术，成为陆地、江河、海洋和天空的景观，成为城市标志性建筑。因此，未来的桥梁结构必将更加重视建筑艺术造型、桥梁美学、景观设计和环境保护，达到人文景观与环境景观的完美结合。

6.3 隧道工程

隧道是修建在地下或水下或者在山体中，铺设铁路或修筑公路供机动车辆通行的建筑物。主体建筑物由洞身和洞门组成，附属设备包括避车洞、消防设施、应急通信和防排水设施，长大隧道还有专门的通风和照明设备。

6.3.1 隧道的种类

隧道多种多样、种类繁多，从不同的角度区分，就有不同的分类方法。

（1）按照隧道所处的地质条件：分为土质隧道和石质隧道。

（2）按照隧道的长度：分为短隧道（铁路隧道规定：$L \leqslant 500m$；公路隧道规定：$L \leqslant 500m$）、中长隧道（铁路隧道规定：$500m < L \leqslant 3000m$；公路隧道规定：$500 < L \leqslant 1000m$）、长隧道（铁路隧道规定：$3000m < L \leqslant 10000m$；公路隧道规定 $1000m < L \leqslant 3000m$）和特长隧道（铁路隧道规定：$L > 10000m$；公路隧道规定：$L > 3000m$）。

（3）按照国际隧道协会（ITA）定义的隧道横断面积大小划分标准：分为极小断面隧道（$2 \sim 3m^2$）、小断面隧道（$3 \sim 10m^2$）、中等断面隧道（$10 \sim 50m^2$）、大断面隧道（$50 \sim 100m^2$）和特大断面隧道（大于$100m^2$）。

（4）按照隧道所在的位置：分为山岭隧道（图6-30）、水底隧道（图6-31）和城市隧道（图6-32）。

图6-30 山岭隧道实景

图6-31 水下隧道示意图

（5）按照隧道埋置的深度：分为浅埋隧道和深埋隧道。

（6）按照隧道的用途：分为交通隧道、水工隧道、市政隧道和矿山隧道。

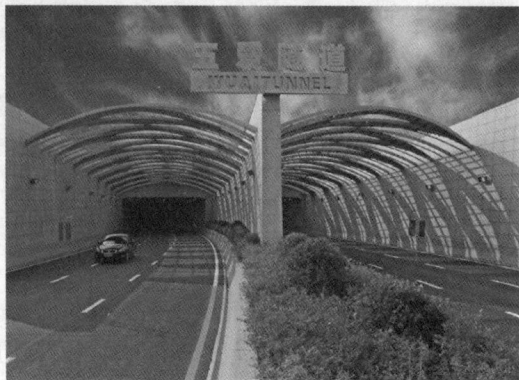

图 6-32　城市隧道实景

6.3.2　公路隧道工程

1. 洞口工程

洞口工程指隧道及地下建筑工程出入口部分的建筑物，包括洞门，洞口通风和排水设施，边坡、仰坡支挡结构和引道等。有防护要求的地下工程还包括防护门（图 6-33）、密闭门、消波和滤毒设施等。

隧道洞门其作用为保持洞口仰坡和路堑边坡的稳定；汇集和排除地面水流；便于进行建筑艺术处理。

防护门是地下工程中最重要的防护设施，包括门扇、门框和门框墙，用以抵挡冲击波的压力，使人员和设备免受伤害和破坏。它必须具备足够的抗爆强度。

图 6-33　防护门示意图

密闭门是用来隔绝放射性沾染、生化毒剂及潮湿空气进入洞内的设施。它应具有良好的密闭性能，不要求具有抗爆能力。钢丝网水泥是门扇最常用的材料。密闭条则用橡胶或塑料制造。

2. 衬砌

衬砌指的是为防止围岩变形或坍塌，沿隧道洞身周边用钢筋混凝土等材料修建的永久性支护结构。衬砌技术通常是应用于隧道工程、水利渠道中。衬砌简单说来就是内衬，常见的就是用砌块衬砌，可以是预应力高压灌浆素混凝土衬砌。

隧道衬砌分为：①整体式模筑混凝土衬砌；②装配式衬砌；③锚喷衬砌；④复合式衬砌；⑤明洞衬砌。

3. 隧道路面

隧道内的路基与路面是承受车辆长期行驶的基本载体，是公路隧道中最重要的部位之一。稳定、密实、匀质的路基可为路面提供均匀的支承；满足车辆荷载作用应有的强度、抗滑性、平整、耐磨性的路面，是保证行车安全、舒适的基本条件；路面要长期承受高速车辆荷载的冲击与摩擦，保证其耐久性更为重要。

隧道（图6-34）内路基路面与洞外路堑段相比，存在如下特殊性：

图6-34　隧道路面图

（1）隧道在地层中穿越，其埋置条件、地应力条件与洞外路堑段有较大的受力特征的不同。隧道路基（底板）处于山体中，地下水对隧道路基路面的影响比洞外更大。

（2）隧道为管状构造物，空间狭小，存在汽车排放废气、积聚等现象。这些废气、油烟、粉尘在路面表面的黏附比洞外路段大。油渍的污染、粉尘的黏聚使路面抗滑性能变差，而且得不到天然降雨的冲洗，长期影响路面的抗滑性能。

（3）洞内发生火灾时，其温度对路面的影响比洞外严重。

（4）洞内行车条件总体上光线差，视觉环境差，对行车不利。

（5）洞内路基路面受场地影响大。施工条件差，维护难度大。

（6）行车安全受气候环境影响大。雨天时，多因洞口段冷空气变换而产生水珠，路面积雾，降低路面的抗滑性能。

因此，隧道内路基面必须依据上述特殊性提出经济合理、安全可靠、能满足长期运营要求的方案。

刚性路面系统包括面层为水泥混凝土路面（含钢纤维混凝土路面、连续配筋混凝土路面）、沥青混合料上面层与水泥混凝土路面（含钢纤维混凝土路面、连续配筋混凝土路面）下面层组成的复合路面两大类型。隧道路面设计应符合《公路水泥混凝土路面设计规范》JTG D40的有关规定。

我国隧道内路面系统采用半刚性和柔性路面系统。采用半刚性和柔性路面系统时，应符合《公路沥青路面设计规范》JTG D50的有关规定。

1）路基

隧道内的路基有两种类型：带仰拱隧道的仰拱填充隧道路基和不带仰拱的天然石质地

基作为隧道路基。

带仰拱隧道衬砌为封闭结构时，地下水的危害影响小，只要严格按仰拱填充材料和填充要求施工，就可以达到较好的路基稳定性、密实性和匀质性。

不设仰拱的天然石质地基作为隧道路基，受地下水影响大，故除其他物理力学性能要求外，还对地基的水稳性、软化程度提出高的要求，因此要求地基为完整性较好的、无显著软化的中硬或硬岩以上岩石作天然地基，故作规定"不设仰拱的隧道，其地基应置于稳定的石质地基上"。

2）路面

关于隧道路面，在欧洲几乎所有的隧道都采用沥青路面，而在日本隧道中则采用混凝土路面。

我国目前已建成的绝大部分二～四级公路隧道及大部分一级公路、高速公路隧道多采用水泥混凝土路面。近年来，少数高速公路隧道采用了铺设沥青上面层的复合路面。

根据我国各地的工程实践，总体上讲，普通公路隧道采用水泥混凝土路面效果是良好的，不仅施工方便、造价低、耐久性好，而且浅色路面有利于照明。全国各地调查表明，依据《公路隧道设计规范第一册 土建工程》JTG 3370.1，各地设计中对隧道路基排水设施普遍重视，地下水对路面结构的危害有所减轻。各地普遍反映，由于隧道路基条件比洞外好（石质路基或仰拱填充路基），洞内采用水泥混凝土路面，基层多采用素混凝土结构，路面结构比洞外强一些，故洞内水泥混凝土的破坏率比洞外路堑要低，即寿命长。

从隧道路面运营交通事故发生率讲，因普通公路隧道均为单洞双向行车隧道，设计速度及行车速度一般在60km/h以下，且多数隧道被限速在20～40km/h，故隧道水泥混凝土路面并没有因此而使事故发生率比洞外高。故从实践看，二～四级公路隧道宜采用水泥混凝土路面。

4. 隧道附属设施

隧道附属设施包括：避险设施、通风设施、照明设施、消防设施、交通设施、景观设施、防排水设施。

公路隧道中的避险设施一般为紧急停车道。如图6-35所示。

图6-35 公路隧道避车道实景

隧道通风设施按空气流动方向，分为纵向通风、横向通风、半横向通风和混合式通风。其作用为：释放有害气体、释放隧道内的粉尘、保持隧道内的氧气含量、降低隧道内的湿度。如图 6-36 所示。

照明设施的作用为：缓解或消除黑洞效应和白洞效应、缓解驾驶员视觉适用滞后问题、解决烟雾导致能见度下降问题、解决炫光失能问题。如图 6-37 所示。

图 6-36 通风设施实景

图 6-37 照明设施实景

消防设施：通信、报警设备（报警电话、火灾应急广播、报警按钮、火灾探测器）、灭火设备（灭火器、消火栓系统、水喷雾系统、固定式水成膜泡沫灭火系统）、疏散指示设备（疏散指示标志灯、通风排烟系统、安全通道）、消防控制设备（消防控制中心计算机）等。如图 6-38 所示。

防水排水设施：隧道防水排水是指为了保证隧道建筑不致因渗漏水造成病害，危及行车安全，腐蚀洞内设备，降低结构使用寿命而采取的防水及排水措施。它是一项涉及地形、气候、工程地层和水文地质、结构方案、施工方法和材料性质等因素的综合性工作，基本要求应以预防为主。如图 6-39 所示。

图 6-38 隧道消防设施实景

图 6-39 隧道排水设施实景

修建隧道后破坏了山体原始的水系统平衡，隧道成为所穿过山体附近地下水集聚的通道。当隧道与含水地层连通，而衬砌的防水及排水设施、方法不完善时，就必然要发生隧道水害。

隧道渗漏水危害大，整治难度大，成本高，因此做好隧道防排水工作十分重要，隧道防排水可以做到"防患于未然"，收到事半功倍的效果。

为避免和减少水对隧道工程的危害，我国隧道工作者已总结出"防、排、截、堵相结合，综合治理"的基本原则，采取切实可靠的设计和施工措施，达到防水可靠、排水畅通、经济合理的目的。

防，是要求隧道衬砌结构具有一定的防水能力，能防止地下水渗入，如采用防水混凝土或塑料防水板等。

排，就是人为设置排水系统，利用盲沟、泄水管、渡槽等将衬砌背后的地下水排入隧道内，再经由洞内水沟排走，以免造成隧道病害。

截，就是在隧道以外将地表水和地下水疏导截流，使其不能进入隧道工程范围内。

堵，就是以混凝土衬砌为基本的结构防水层，以塑料防水板为辅助防水层，阻隔地下水；或者，将适宜的胶结材料压注到地层节理、裂隙、孔隙中实现堵水，使其不进入隧道工程范围内。堵水措施可以防止地下水大量流失，较好地保护地下水环境。堵，即堵住地下水从衬砌背后渗入隧道内。

思考题

1. 道路的结构由哪几个部分组成？
2. 桥梁结构的基本体系及其受力特点是什么？
3. 按照力学特性（体系）划分，桥梁有哪些基本类型？
4. 查找资料，了解隧道的通风方式。

第7章

土木工程施工

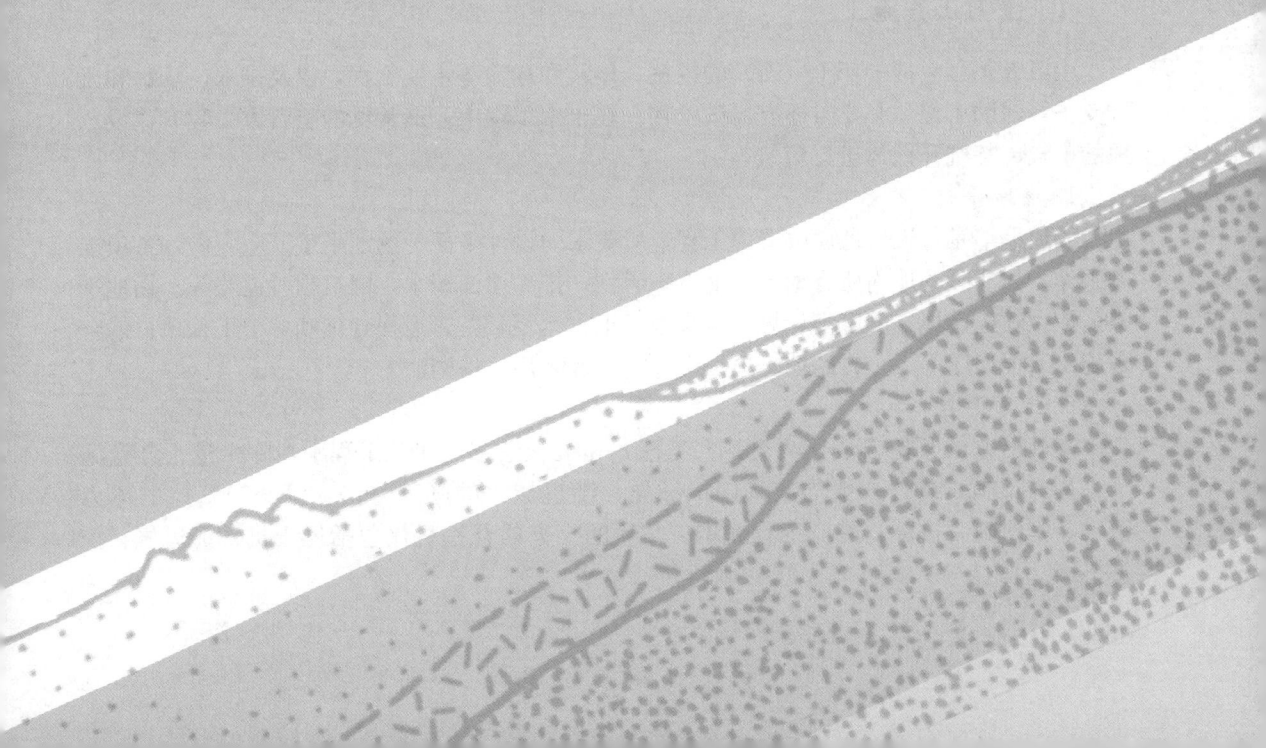

学习目标：

    1. 了解土方工程施工的内容与机械设备；

    2. 认识各类基础形式及其特点；

    3. 了解结构工程的类型及其施工要点；

    4. 了解土木工程施工技术及其发展。

    土木工程施工是生产建筑产品（包括建筑物和构筑物）的系列活动。它与其他工业产品相比，具有独特的技术要求、位置固定性、投资庞大和用工多等特点。施工需要多工种相互协调，按施工图、规范要求并遵从施工工序进行。土木工程施工一般可分为施工技术与施工管理两大部分。本章介绍施工技术方面的内容，施工管理将在下一章介绍。

    不同的工程对象具有不同的施工特点与技术要求，土木工程施工大致可以分为土石方与基础工程施工、主体结构工程施工、设备安装与装修工程施工三大部分。土木工程施工与土木工程材料、材料力学、结构力学、土力学、基础工程、混凝土结构、砌体结构及钢结构等课程均有密切联系，在完成以上课程内容的基础上才能更好地学些土木工程施工。土木工程施工又是一门实践性很强的课程，有些内容直接来自于实际工程施工经验的积累总结。因此，除了掌握专业基础理论课程内容，时刻关注国内外最新施工技术，还要对相关的教学实践环节予以足够重视。

    施工规范、规程是我国土木工程界常用的标准表达形式。它以科学、技术和实践经验的综合成果为基础，由国务院有关部门批准颁发，作为全国土木工程施工必须共同遵守的准则和依据。施工及验收规范中，对施工工艺要求、施工技术要点、施工准备工作内容、施工质量控制要求以及检验方法等均作了规定。工程在设计、施工和竣工验收时，均应遵守相应的施工及验收规范。

7.1 土石方与基础工程施工

7.1.1 土方工程施工

    土石方工程包括一切土（石）的挖掘、填筑和运输等主要工程，以及排水、降水和土坡支护等辅助工程，必要时还有爆破工程。在土木工程中，最常见的土石方工程有建设场地的平整、基坑开挖与土方填筑等。

    1. 场地平整

    场地平整是将天然地面改造成工程上所要求的设计平面。场地平整前应先做好各项准备工作，如清除场地内所有地上、地下障碍物，排除地面积水，铺筑临时道路等。场地平整前应做好挖、填方的平衡计算，综合考虑土方运距最短、运程合理和各个工程项目的合理施工工程程序等。土方的挖、填平衡计算一般采用方格网法。

    2. 土方开挖

    基础土方的开挖方法分两类，人工挖方和机械挖方。建筑工程中，除少量土方量施工采用人工施工外，一般均应采用机械化、半机械化的施工方法，以减轻繁重的体力劳动、加快施工进度、降低工程成本。常用的土方的开挖机械包括推土机、铲运机、挖掘机等。

推土机（图 7-1）能单独完成挖土、运土和卸土工作，具有操作灵活、转动方便、所需工作面小、行驶速度快等特点。其主要适用于浅挖短运，如场地清理或平整、开挖深度不大的基坑及回填推筑高度不大的路基等。

铲运机（图 7-2）是一种能综合完成挖土、运土、卸土、填筑、整平的机械，具有操作灵活、不受地形限制、不需特设道路、生产效率高等特点。

图 7-1 推土机

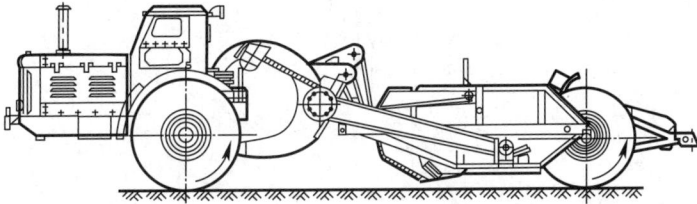

图 7-2 C3—6 型自行式铲运机

挖掘机是工程建设中最主要的工程机械之一，它是用铲斗挖掘高于或低于承机面的物料，并装入运输车辆或卸至堆料场的土石方机械。常见的挖掘机种类有正铲挖掘机、反铲挖掘机、抓铲挖掘机及拉铲挖掘机等（图 7-3）。

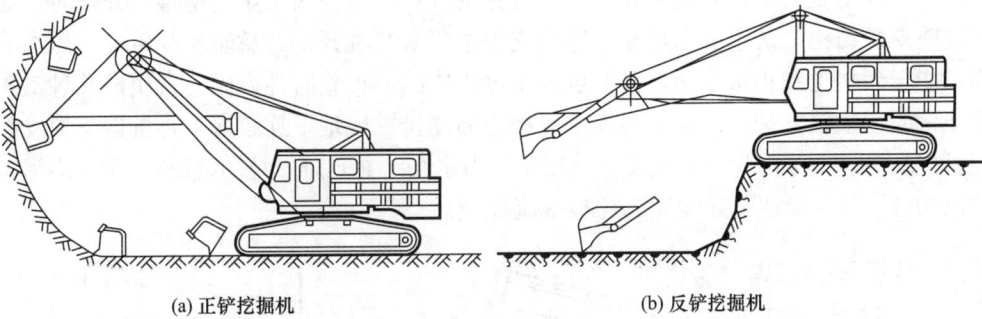

(a) 正铲挖掘机　　　　　　　　　　　　(b) 反铲挖掘机

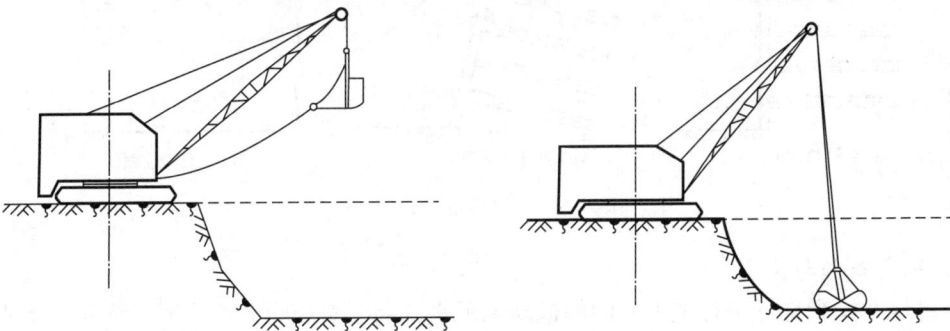

(c) 拉铲挖掘机　　　　　　　　　　　　(d) 抓铲挖掘机

图 7-3 挖掘机

3. 放坡与坑壁支护

为了防止土壁塌方，确保施工安全，当挖方超过一定深度或填方超过一定高度时，其边沿应放出足够的边坡，即为放坡。放坡形式有直线形放坡、折线形放坡和台阶形放坡等，如图7-4所示。图中，$m=B/H$，称为边坡系数。基坑边坡大小应根据土质条件、开挖深度、地下水位、施工方法、开挖后边坡留置时间长短、坡顶有无荷载及相邻建筑物情况等因素而定。

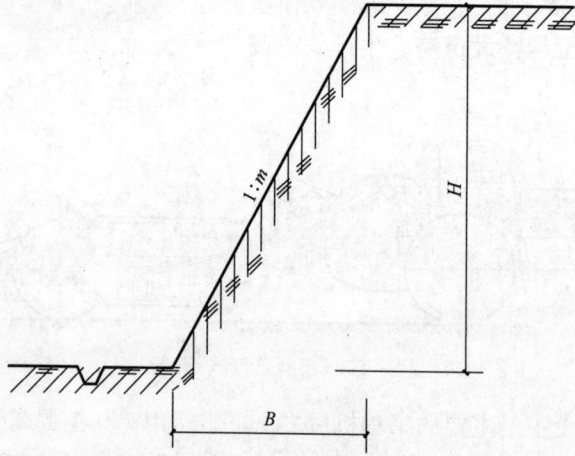

图 7-4 土方放坡

当基坑开挖受到场地限制不允许放坡或基坑放坡不经济而采用坑壁直立开挖时，必须设置坑壁支护结构以防止坑壁坍塌。基坑支护主要对基坑开挖卸载时所产生的土压力和水压力，能起到挡土和止水作用，是基坑施工过程中的一种临时性设施。常用的几种支护结构有土钉墙或喷锚支护、水泥土墙支护、挡土灌注排桩或地下连续墙、排桩内支撑支护及钢板桩支护等。图7-5为土钉墙支护，图7-6为水泥土桩施工工艺示意图，图7-7为板桩支护结构，图7-8为地下连续墙支护施工流程。

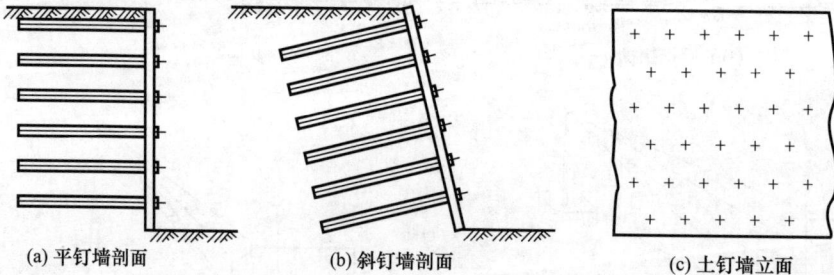

(a) 平钉墙剖面   (b) 斜钉墙剖面   (c) 土钉墙立面

图 7-5 土钉墙支护示意

4. 基坑降水与排水

当基坑开挖和地下工程施工期间的最高地下水位高于坑底设计标高时，应对地下水位进行控制，以保证开挖期间获得干燥的作业面，保证坑底、边坡和基础底板的稳定。土方工程施工中，多采用明沟排水法、井点降水法或两者相结合的方法排出地下水。图7-9为集水井降水。

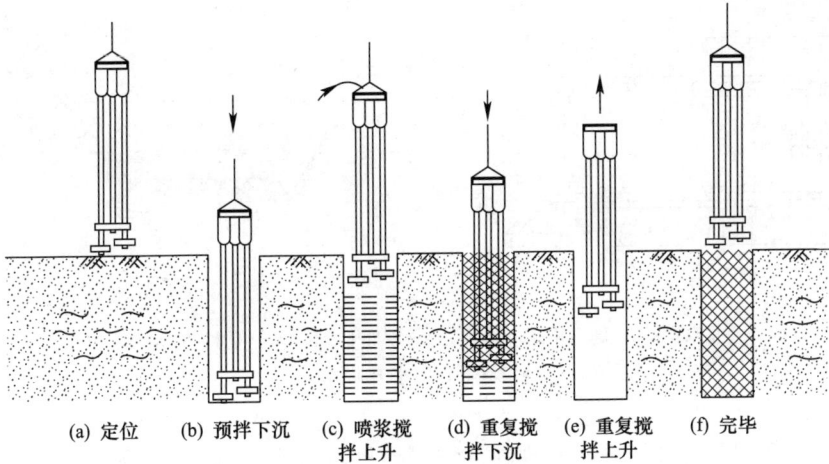

(a) 定位　(b) 预拌下沉　(c) 喷浆搅　(d) 重复搅　(e) 重复搅　(f) 完毕
　　　　　　　　　　拌上升　　拌下沉　　拌上升

图 7-6　水泥土桩施工工艺

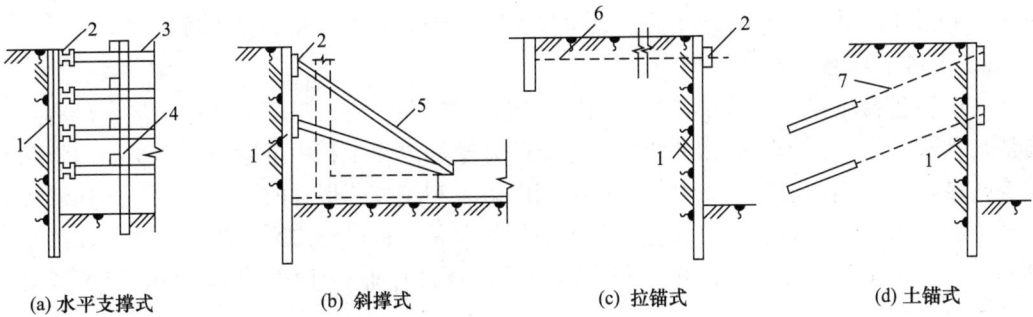

(a) 水平支撑式　　　(b) 斜撑式　　　　(c) 拉锚式　　　　(d) 土锚式

1—板桩墙；2—围檩；3—钢支撑；4—竖撑；5—斜撑；5—拉锚；7—土锚杆

图 7-7　板桩支护结构

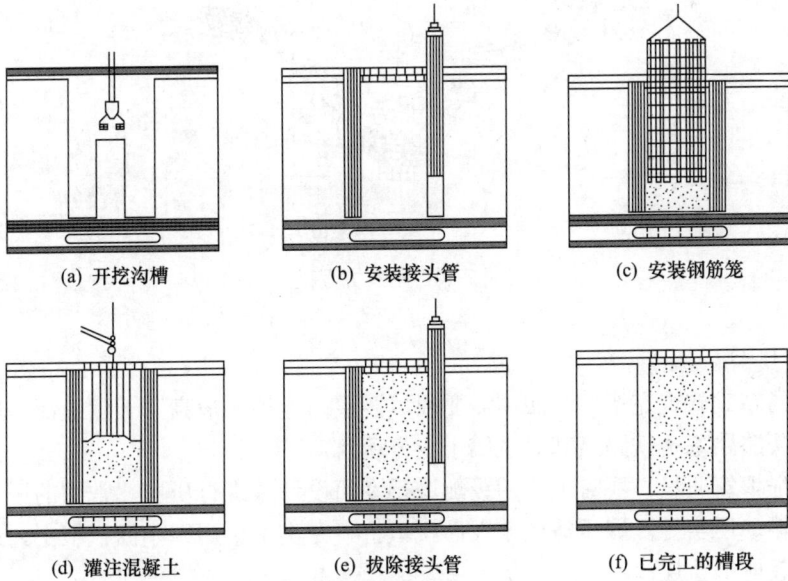

(a) 开挖沟槽　　　　(b) 安装接头管　　　　(c) 安装钢筋笼

(d) 灌注混凝土　　　(e) 拔除接头管　　　　(f) 已完工的槽段

图 7-8　地下连续墙施工流程

117

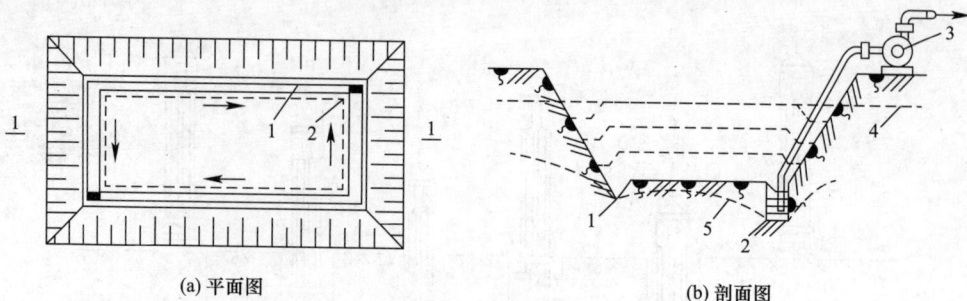

(a) 平面图　　　　　　　　　　　(b) 剖面图

1—排水沟；2—集水井；3—水泵；4—原地下水位；5—降水后的地下水位

图 7-9　集水井降水

井点降水是在基坑开挖前，与现在基坑四周埋设滤水管（井），在基坑开挖前和开挖过程中利用真空原理，不断地抽出地下水，使地下水位控制在基坑面以下 0.5～1.5m，避免产生管涌、流砂、坑底突涌及与地下水有关的坑外地层过度沉降，保证基坑开挖正常进行。所采用的井点类型有轻型井点、电渗井点、管井井点、深井井点等。

5. 土石方爆破

在山区进行土木工程施工，常遇到岩石的开挖问题，爆破是石方开挖施工中最有效的方法。此外，施工现场障碍物的清除、冻土的开挖和改建工程中拆除旧的建筑物、拆除基坑支护结构中的钢筋混凝土支撑等，也采用爆破。利用炸药爆炸时产生的大量的热和极高的压力破坏岩石或其他物体，以达到开挖的目的，是一种广泛应用的施工方法，如图 7-10 所示。由于效率高、费用低及爆破技术的发展，爆破作业在土木工程中的应用将越来越广泛。

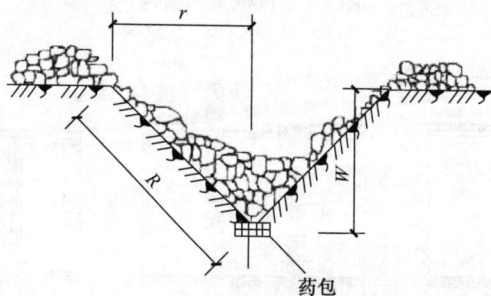

药包

图 7-10　土石方爆破

6. 土方填筑

基坑内的基础施工完毕后，四周需要回填。室内地坪一般高于天然地面，所以也要填土。此外，公路路基、铁路路基等也属于土方填筑。

为了保证填筑质量，要对土料的级配进行专门设计并进行压实。常用的压实方法有碾压、夯实和振动压实等。碾压适用于大面积填土，夯实主要用于小面积填土，最大的优点是可以压实较厚的土层。

7.1.2 基础工程施工

地基与基础工程施工是建筑工程施工的一个主导施工阶段，也是建筑施工技术最为复杂、难度最大、工期最长、占投资最多的分部工程。常见的基础形式有：独立基础、条形基础、筏形基础、箱形基础、桩基础、沉井基础、墩基础和地下连续墙等。

1. 独立基础

当建筑物上部结构采用框架结构或单层排架结构承重时，常采用独立基础，也称单独基础。独立基础分为阶形基础、坡形基础和杯形基础（多见于装配式工业厂房）。独立基础的施工流程大致为：基础垫层→钢筋绑扎→支模板→混凝土浇筑、振捣、找平、养护→模板拆除。

2. 条形基础

条形基础指基础长度远远大于宽度的一种基础形式，将墙或柱的荷载传递至地基，使其满足地基承载力和变形的要求。整体上，可分为梁板式条形基础和板式条形基础，如图 7-11 所示。条形基础采用坡形截面或单阶形截面。其施工流程大致为：放线开挖→垫层浇筑→绑扎钢筋→立模浇筑→砌砖基→绑扎地梁和构造柱钢筋→支地圈梁模板浇筑→基础回填。

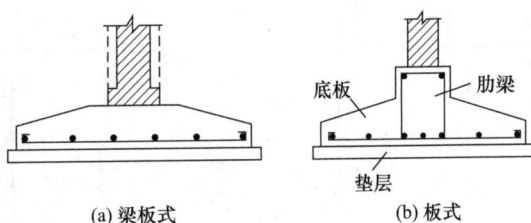

图 7-11　条形基础

3. 筏形基础

筏形基础是指当建筑物上部荷载较大而地基承载能力又比较弱时，用简单的独立基础或条形基础已不能适应地基变形的需要。这时，常将墙或柱下基础连成一片，使整个建筑物的荷载承受在一块整板上。这种满堂式的板式基础称筏形基础，分为平板式和梁板式，见图 7-12。

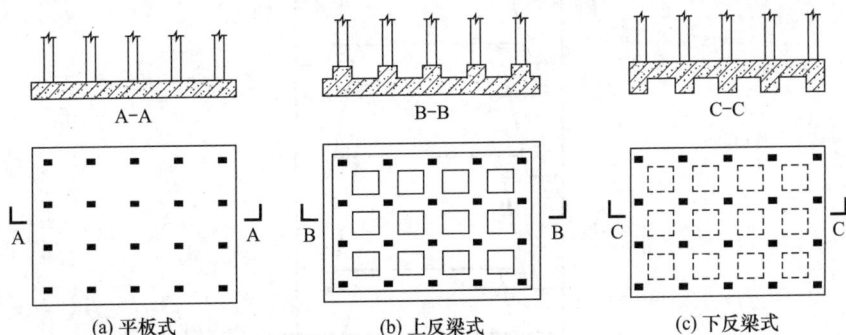

图 7-12　筏形基础

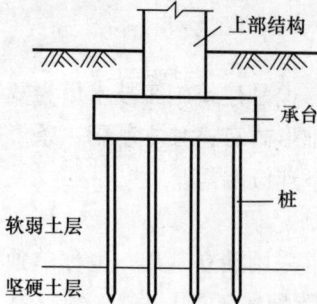

图 7-13 桩基础

4. 桩基础施工

桩基础由基桩和连接于桩顶的承台共同组成，如图 7-13 所示。桩基础具有承载力高、沉降量小、稳定性好、便于机械化施工、适应性强等特点。按施工方法的不同，桩分为预制桩和灌注桩两大类。

1）预制桩

预制桩是在施工现场或工厂预先制作，然后以锤击、振动、静压或旋入等方式将桩设置就位。工程中应用最广泛的是钢筋混凝土桩。

2）灌注桩

灌注桩是指在设计桩位成孔，然后在孔内放置钢筋笼（也有直接插筋或省去钢筋的），再浇灌混凝土成桩的桩型。灌注桩按成孔方法，可分为沉管灌注桩（图 7-14）、钻（冲）孔灌注桩、挖孔桩（图 7-15）等类别。

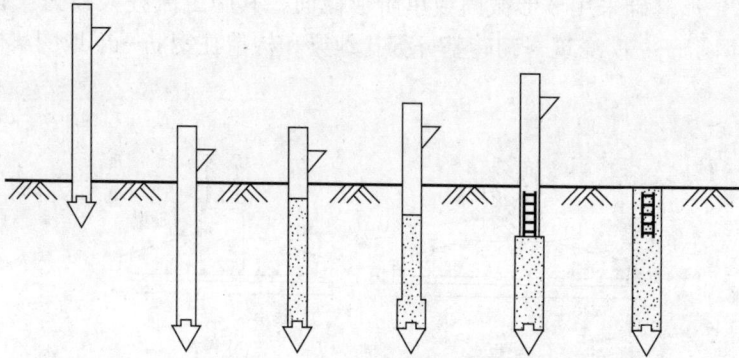

(a) 打桩机就位 (b) 沉管 (c) 浇灌混凝土 (d) 边拔管，(e) 安放钢筋笼，(f) 拔管成型
　　　　　　　　　　　　　　　　边振动　　继续浇灌混凝土

图 7-14　沉管灌注桩的施工程序

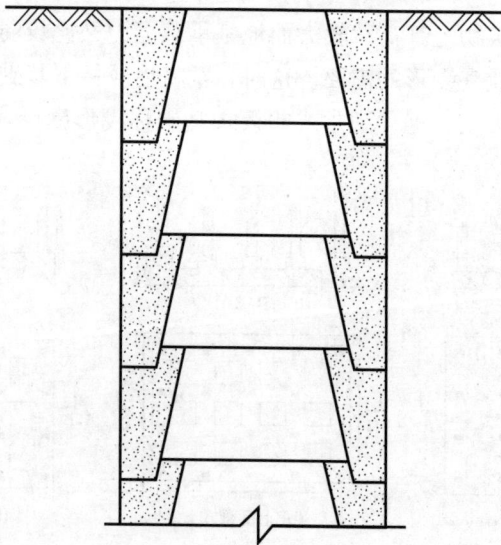

图 7-15　挖孔桩护壁

7.2　结构工程施工

结构工程主要包括砌筑工程、钢筋混凝土工程、预应力混凝土工程、钢结构工程、结构安装工程等。

7.2.1　砌筑工程

砌筑工程是指烧结普通砖、硅酸盐类砖、石块和各种砌块的施工。砌筑工程是一个综合的施工过程，它包括砂浆制备、材料运输、脚手架搭设和墙体砌筑等。

砌筑用脚手架是砌筑过程中堆放材料和工人进行操作的临时性设施。按其搭设位置，分为外脚手架和里脚手架两大类。如图 7-16 所示，是外脚手架常用的四种基本形式。图 7-17

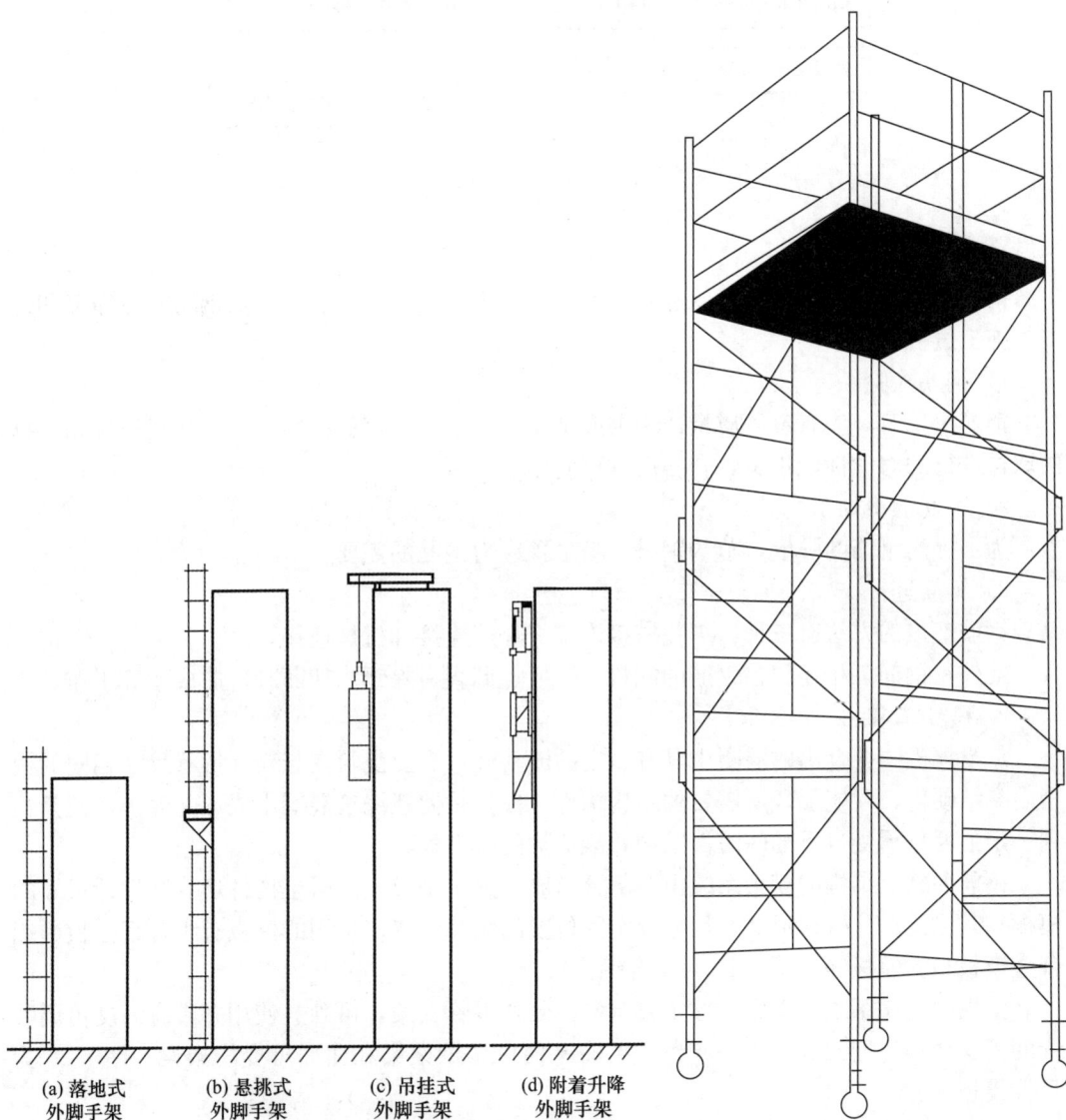

(a) 落地式　　(b) 悬挑式　　(c) 吊挂式　　(d) 附着升降
外脚手架　　　外脚手架　　　外脚手架　　　外脚手架

图 7-16　外脚手架的四种基本形式

图 7-17　移动式里脚手架

为移动式里脚手架，用于室内顶棚装修等工程。

砌体施工的基本要求是：横平竖直、砂浆饱满、灰缝均匀、上下错缝、内外搭砌、接槎牢固。砌筑操作前，应对道路、机具、安全设施和防护用品进行全面检查，符合要求后方可施工。

7.2.2 钢筋混凝土工程

钢筋混凝土工程的施工包括钢筋工程、混凝土工程和模板工程三部分。其施工程序如图 7-18 所示。

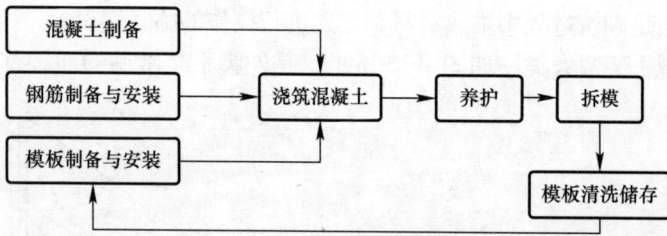

图 7-18　钢筋混凝土施工程序

1. 钢筋工程

钢筋工程主要包括：钢筋的进场检验、加工成型和绑扎安装，以及钢筋的冷加工和连接等施工过程。

1）钢筋检验

钢筋出厂时，应有出厂质量证明书或试验报告单。对钢筋的验收包括外观检查和按批次取样进行的力学性能检验，合格后方可使用。

2）钢筋的冷加工

为了提高钢筋的强度，节约钢材，满足预应力钢筋的需要。

3）钢筋连接

钢筋连接的方法有三种：绑扎搭接连接、焊接连接和机械连接。

此外，钢筋工程还包括钢筋的配料、代换、调直、除锈、切断和弯曲成型等工作。

2. 模板工程

从搅拌机中拌合出的混凝土具有一定的流动性，需要浇筑在与构件形状尺寸相同的模型内凝结硬化，才能形成所需要的结构构件。模板是使新浇筑混凝土成形并养护，使其达到一定强度以承受自重的临时性结构并能拆除的模型板。

钢筋混凝土结构的模板系统由两部分组成：其一是形成混凝土构件形状和设计尺寸的模板；其二是保证模板形状、尺寸及空间位置的支撑系统。常用的模板有组合钢模板、铝合金模板和木模板等。图 7-19 为组合钢模板。

模板的支撑系统，垂直支撑主要有散拼装的钢管支架，可独立使用并带有高度可调装置的钢支柱及门型架等。水平支撑主要有平面可调桁架梁和曲面可变桁架梁。图 7-20 为早拆模板示意图。

平面模板　　　阳角模板　　　阴角模板　　　连接角模

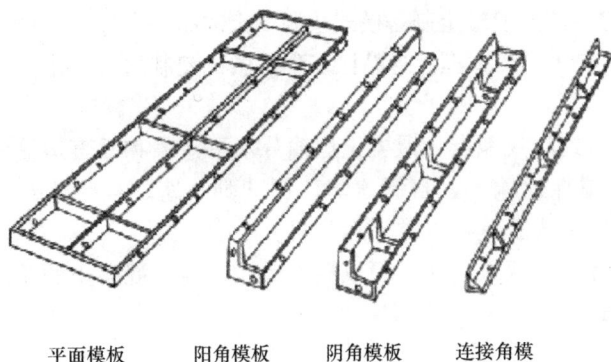

图 7-19　组合钢模板

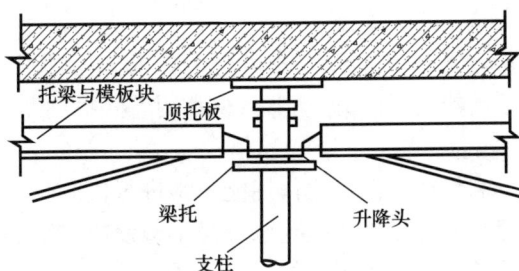

图 7-20　早拆模板示意图

3. 混凝土工程

混凝土工程包括制备、运输、浇筑、养护等施工过程。

1）混凝土制备

混凝土的制备指混凝土的配料和搅拌。

混凝土的配料，是指将水泥、粗细骨料、拌合水和外加剂按照一定的施工配合比进行配置，以满足混凝土强度的设计要求。

混凝土的搅拌按规定的搅拌制度在搅拌机中实现。双锥倾翻出料式搅拌机（自落式搅拌机中较好的一种，图 7-21）结构简单，适合于大容量、大骨料、大坍落度混凝土搅拌。

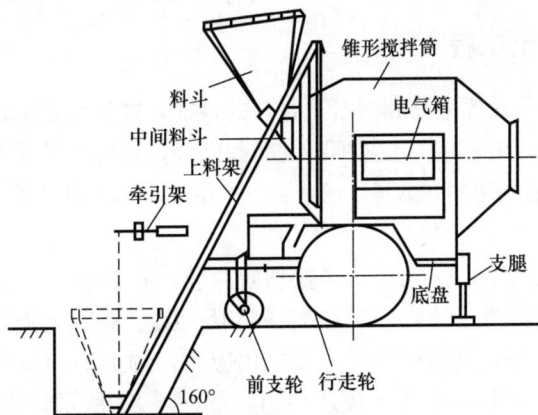

图 7-21　双锥反转出料式搅拌机

目前推广使用的商品混凝土是工厂化生产的混凝土制备模式。混凝土的制备在施工现场通过搅拌机和小型搅拌站实现了机械化；在工厂，大型搅拌站已实现了微机控制的自动化。

2）混凝土运输

混凝土自搅拌机中卸出后，应及时送到浇筑地点，混凝土运输分水平运输和垂直运输两种情况。常用的水平运输机具主要有搅拌运输车、自卸汽车、机动翻斗车、皮带运输机、双轮手推车。常用的垂直运输机具有塔式起重机、井架运输机。

混凝土搅拌输送车兼输送和搅拌混凝土的双重功能，可以根据运输距离、混凝土的质量要求等不同情况，采用不同的工作方式。

3）混凝土浇筑

混凝土浇筑包括浇灌和振捣两个过程。保证浇灌混凝土的匀质性和振捣的密实性是确保工程质量的关键。混凝土浇筑应分层进行，以使混凝土能够振捣密实。在下层混凝土凝结之前，上层混凝土应浇筑振捣完毕。

用于振实混凝土的振动器按其工作方式可分为：内部振动器（也称插入式振动器）、表面振动器（也称平板振动器）、外部振动器（也称附着式振动器）和振动台四种。

4）混凝土养护

混凝土浇筑成型后，为保证水泥水化作用能正常进行，应及时进行养护。养护是为混凝土硬化创造必需的湿度、温度条件，防止水分过早蒸发或冻结，防止混凝土强度降低和出现收缩裂缝、剥皮起砂等现象，确保实体混凝土质量。

7.2.3 钢结构工程

钢结构工程的施工包括钢结构的加工制作、钢结构的安装两部分。

1. 钢结构的加工制作

钢结构的加工包括配料、切割、矫正、制孔、拼接、组装、除锈、油漆等步骤。目前钢结构的加工制作多采用数控切割机进行切割，采用电动电焊机进行焊接组装。

2. 钢结构的安装

钢结构的安装包括构件的吊装与构件的拼接。吊装是指采用起重机将构件吊装就位，构件的拼接则是用螺栓或焊接将构件拼装为一个整体，其中螺栓又可分为普通螺栓和高强度螺栓两种。

7.2.4 预应力混凝土工程

预应力混凝土能充分发挥钢筋和混凝土各自的性能，能提高钢筋混凝土构件的刚度、抗裂性和耐久性。近年来，随着施工工艺不断发展和完善，预应力混凝土的应用范围越来越广。当前，预应力混凝土的使用范围和数量，已成为一个国家土木工程技术水平的重要标志之一。

1. 先张法施工

先张法是在浇筑混凝土构件之前，张拉预应力筋，将其临时锚固在台座或钢模上，然后浇筑混凝土构件，待混凝土达到一定强度（一般不低于混凝土强度标准值的 75%），并使预应力筋与混凝土间有足够粘结力时，放松预应力，预应力筋弹性回缩，借助于混凝土与预应力筋间的粘结，对混凝土产生预压应力。如图 7-22 所示，先张法多用于预制构件厂生产定型的中小型构件。

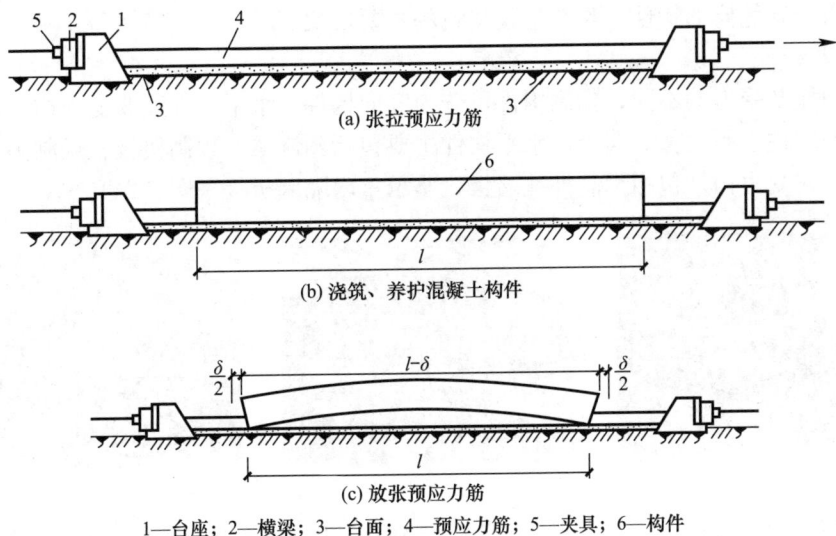

(a) 张拉预应力筋

(b) 浇筑、养护混凝土构件

(c) 放张预应力筋

1—台座；2—横梁；3—台面；4—预应力筋；5—夹具；6—构件

图 7-22　先张法生产示意图

2. 后张法施工

构件或块体制作时，在放置预应力筋的部位预先留有孔道，待混凝土达到规定强度后，孔道内穿入预应力筋，并用张拉机具夹持预应力筋将其张拉至设计规定的控制应力，然后借助锚具将预应力筋锚固在构件端部，最后进行孔道灌浆（亦有不灌浆者），这种施工方法称为后张法（图 7-23）。后张法宜用于现场生产大型预应力构件、特种结构和构筑物，亦可作为一种预制构件的拼装手段。

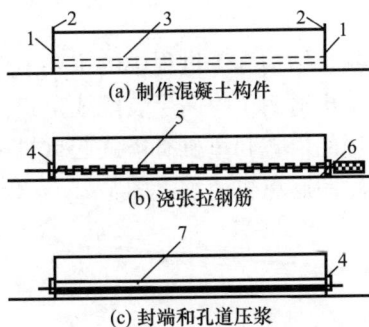

(a) 制作混凝土构件

(b) 浇张拉钢筋

(c) 封端和孔道压浆

1—预埋钢板；2—模板；3—预留孔道；4—锚具；5—预应力钢筋；6—张拉千斤顶；7—孔道压浆

图 7-23　后张法的施工示意图

7.2.5　装配式工程

1. 基本知识

装配式建筑是用预制部品、部件在工地进行装配而成的建筑。通俗地讲，装配式建筑就是在现代化工厂先预制好柱、梁、板、内外墙、楼梯、阳台等建筑组成部分（部品部件），然后运输到工地现场，经过快速组装之后，就成了装配式建筑。从结构上说，装配式建筑可分为：装配式混凝土建筑、装配式钢结构建筑和装配式木结构建筑，而装配式混

125

凝土建筑由于其优异的特性，是装配式建筑的主要形式。

2. 基本构件

根据功能及受力的不同，预制构件可分为竖向构件、水平构件及非受力构件，竖向构件主要是预制柱、预制剪力墙等；水平构件主要包括预制梁、预制楼板、预制阳台板、预制楼梯等；非受力构件包括预制外挂墙板、非承重内隔墙板等（图 7-24）。

| (a) 预制柱 | (b) 预制梁 | (c) 预制叠合板 |
| (d) 预制剪力墙 | (e) 预制楼梯 | (f) 预制飘窗 |

图 7-24　各类预制构件

3. 吊装

预制构件吊装是装配式混凝土结构施工过程中的主要工序之一，吊装工序极大程度地依赖于起重机械设备。塔式起重机适用于中高层装配式建筑构件的吊装，还可以兼顾其他施工材料的水平垂直运输。常用的塔式起重机有塔式起重机和自行式起重机。其中，自行拉杆式起重机有履带起重机和轮胎起重机两种（图 7-25），也称为吊车。

图 7-25　履带起重机与轮胎起重机

4．吊装工艺流程

预制构件吊装的总体流程为：进场验收→进行吊点和吊装器具的检查→构件姿态调整→试吊和检查→预制构件吊运。

7.2.6　装修工程与设备安装工程

1．装修工程

建筑装饰装修是指为保护建筑物的主体结构、完善建筑物的使用功能和美化建筑物，采用装饰装修材料或饰物对建筑物内外表层及空间进行的各种处理过程。装修工程包括的内容很多。其中，抹灰工程、饰面工程和涂饰工程最为普遍，而门窗工程、吊顶工程、轻质隔断工程等仅用于房屋建筑。

建筑装饰工程施工中应遵守以下原则：①安全可靠，坚固耐久（包括防火安全和环保安全）；②满足使用要求；③施工方便、切实可行；④经济、合理。

2．设备安装工程

土木工程为了能发挥其使用功能，除了主体工程外，还有许多附属设施，如高速公路的防护栏、隔声墙、通信设施；桥梁工程的照明设施；在工业建筑中，包括机械设备安装，电气设备安装及线路架设，通风、除尘、消声设备及其管道安装，给水排水、供热、供气装置与管道安装，自动化仪表和电子计算机安装，通信和声像系统安装等；在民用建筑中，一般统称为水、暖、电安装。设备安装的专业性很强，涉及机械制造、电力、电气、自动控制、通信等许多专业，一般由相关专业的人员负责实施。

7.3　土木工程施工技术

土木工程施工技术的任务是按照设计要求，依据技术规范，结合工程条件，选择合理的施工方案和操作工艺，建成满足使用功能的综合效益好的建筑物、构筑物。土木工程施工技术的核心是研究确定分项工程的施工方法。

近年来，高层、超高层建筑施工已形成钢结构和钢筋混凝土结构的多种成套技术，施工速度达到 $2\sim6d/$ 层。特别是大模板、滑模、爬模、隧道模和飞模、密肋模壳等现浇与预制相结合的施工方法发展更为迅速。大跨度层盖结构已形成网架、网壳、悬索、薄壳、薄膜等多种施工成套技术，针对不同条件采用高空散装法、高空滑移法、整体吊装法、整体提升法、整体顶升法、分段吊装法、活动模架法、预制拼装法等施工方法。

防水作业已打破传统沥青防水的单一做法，正在逐步发展高分子卷材、防水涂料、密封胶等高效弹性防水作业。防水施工在向冷作业方向发展，并提高了综合机械化水平。

现代化设备正向大、重、高、柔和精密、高压、低温等方向发展，在设备安装工程中形成了大型设备整体吊装、自动焊接、气顶法、水浮法、电气快速接头安装、直埋式保温管道等安装技术。

现代科学技术在建筑施工中的应用，在我国更多地反映在网络技术、全面质量管理和计算机应用技术等方面。在一些发达国家，已开始在建筑业研制和应用机器人，特别是在危险作业中代替人不能胜任的工作；建筑业工厂的自动化流水作业线和建筑机械的遥控作业也在发展中。

今后，建筑施工技术将沿着工业化、现代化的道路发展，着重提高量大面广的住宅等一般建筑的功能、质量和效益，以及进行高、大、深、尖等特殊建筑物的技术攻关。建筑工业化是建筑业从手工操作的小生产方式向社会化大生产方式过渡的全过程，在标准化和多样化结合的前提下，着重推进大开间、大柱网、多功能、灵活性大的工业化建筑体系，发展机械化、专业化施工和工厂化、社会化生产，努力掌握多种超高层、大跨度、深基础及各类建筑的施工成套技术及现代施工组织设计管理。

思考题

1. 简述土木工程施工的特点。
2. 简述地下连续墙的一般施工工艺。
3. 试述基坑排水与降水的作用及方法。
4. 简述装配式建筑的优缺点。
5. 简述模板安装工程的验收内容。

第8章

土木工程施工组织与项目管理

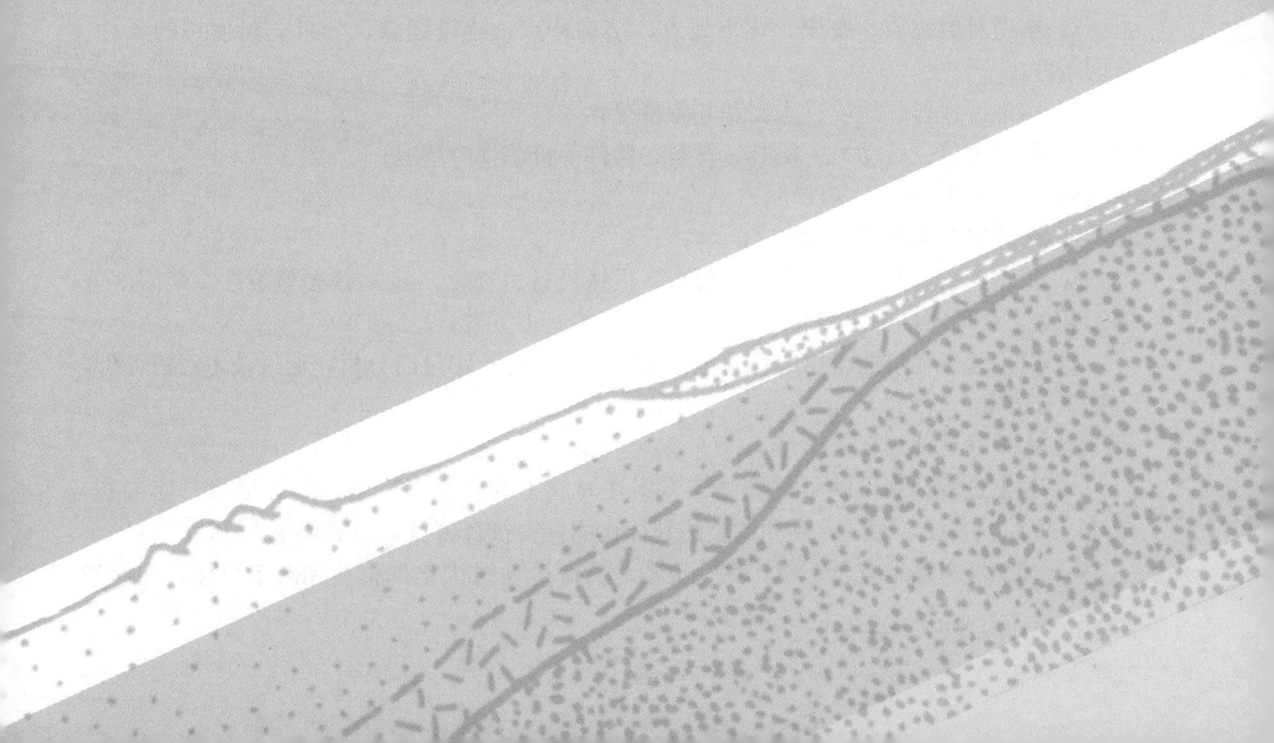

学习目标：

1. 了解施工组织设计的具体内容与施工组织设计分类；

2. 了解工程项目管理的内容与工程项目的建设程序；

3. 理解工程项目管理的三大目标及其联系；

4. 熟悉工程招投标的概念及其原则；

5. 熟悉招投标的形式；

6. 熟悉工程项目生产安全事故分类及事故处理原则与内容。

8.1 土木工程施工组织

《建筑施工组织设计规范》GB/T 50502—2009 对施工组织设计做了如下的解释：以施工项目为对象编制的，用以指导施工的技术、经济和管理的综合性文件。

施工组织设计是对施工活动实行科学管理的重要手段，它具有战略部署和战术安排的双重作用。它体现了实现基本建设计划和设计的要求，提供了各阶段的施工准备工作内容，协调施工过程中各施工单位、各施工工种、各项资源之间的相互关系。通过施工组织设计，可以根据具体工程的特定条件，拟订施工方案，确定施工顺序、施工方法、技术组织措施；可以保证拟建工程按照预定的工期完成；可以在开工前了解到所需资源的数量及其使用的先后顺序；可以合理安排施工现场布置。因此，施工组织设计应从施工全局出发，充分反映客观实际，符合国家或合同要求，统筹安排施工活动有关的各个方面，合理地布置施工现场，确保文明施工、安全施工。

8.1.1 施工组织设计的基本内容

施工组织设计应包括编制依据、工程概况、施工部署及施工方案、施工进度计划、施工准备与资源配置计划、主要施工方法、施工现场平面布置及主要施工管理计划等基本内容。

1. 工程概况

1）本项目的性质、规模、建设地点、结构特点、建设期限、分批交付使用的条件、合同条件；

2）本地区地形、地质、水文和气象情况；

3）施工力量、劳动力、机具、材料、构件等资源供应情况；

4）施工环境及施工条件等。

2. 施工部署及施工方案

1）根据工程情况，结合人力、材料、机械设备、资金、施工方法等条件，全面部署施工任务，合理安排施工顺序，确定主要工程的施工方案；

2）对拟建工程可能采用的几个施工方案进行定性、定量的分析，通过技术经济评价，选择最佳方案。

3. 施工进度计划

1）施工进度计划反映了最佳施工方案在时间上的安排，采用计划的形式，使工期、成本、资源等方面，通过计算和调整达到优化配置，符合项目目标的要求；

2）使工序有序地进行，使工期、成本、资源等通过优化调整达到既定目标，在此基础上编制相应的人力和时间安排计划、资源需求计划和施工准备计划。

4．施工平面图

施工平面图是施工方案及施工进度计划在空间上的全面安排。它把投入的各种资源、材料、构件、机械、道路、水电供应网络、生产和生活活动场地及各种临时工程设施合理地布置在施工现场，使整个现场能有组织地进行文明施工。

5．主要技术经济指标

技术经济指标用以衡量组织施工的水平，它是对施工组织设计文件的技术经济效益进行的全面评价。

8.1.2　施工组织设计分类

施工组织设计按编制对象，可分为施工组织总设计、单位工程施工组织设计和施工方案。

1．施工组织总设计

施工组织总设计即以若干单位工程组成的群体工程或特大型项目为主要对象编制的施工组织设计，对整个项目的施工过程起统筹规划、重点控制的作用。在我国，大型房屋建筑工程的标准一般为：

1）25层以上的房屋建筑工程；

2）高度100m及以上的构筑物或建筑物工程；

3）单体建筑面积3万 m^2 及以上的房屋建筑工程；

4）单跨跨度30m及以上的房屋建筑工程；

5）建筑面积1万 m^2 及以上的住宅小区或建筑群体工程；

6）单项建安合同额1亿元及以上的房屋建筑工程。

但在实际操作中，具备上述规模的建筑工程很多只需编制单位工程施工组织设计，需要编制施工组织总设计的建筑工程，其规模应当超过上述大型建筑工程的标准，通常需要分期分批建设，可称为特大型项目。

2．单位工程施工组织设计

单位工程施工组织设计即以单位（子单位）工程为主要对象编制的施工组织设计，对单位（子单位）工程的施工过程起指导和制约作用。需要说明的是，对于已经编制了施工组织总设计的项目，单位工程施工组织设计应是施工组织总设计的进一步具体化直接指导单位工程的施工管理和技术经济活动。

3．施工方案

施工方案即以分部（分项）工程或专项工程为主要对象编制的施工技术与组织方案，用以具体指导其施工过程。施工方案在某些时候也被称为分部（分项）工程或专项工程施工组织设计，但考虑到通常情况下施工方案是施工组织设计的进一步细化，是施工组织设计的补充，施工组织设计的某些内容在施工方案中不需赘述。

8.2　工程项目管理

工程项目管理是项目管理重要的基础和组成部分，其管理对象主要是建设工程项目。在《建设工程项目管理规范》GB/T 50326—2017中，将建设工程项目管理简称项目管理。其是指运用系统的理论和方法，对建设工程项目进行的计划、组织、指挥、协调和控制等专业化活动。

工程建设实践中，工程项目管理通常是指从事工程项目管理的企业接受委托，按照合同约定，代表业主或建设单位对工程项目的组织实施进行全过程或若干阶段的管理和服务。我国长期施行"强制监理"，并由监理公司代表建设单位进行工程施工监理。

8.2.1 工程项目管理的内容

工程项目管理的工作内容通常包括工程项目的质量控制、进度控制、造价控制以及合同管理、信息管理、安全环境管理、组织协调等。但是，针对工程项目管理的不同主体，其管理的内容和侧重也各有不同。

建设单位的工程项目管理包括：组织建立、合同管理、质量控制、进度控制及造价控制；设计单位的工程项目管理包括：组织建立、合同管理、质量控制、进度控制及造价控制；施工（承包）单位的工程项目管理包括：组织建立、合同管理、质量控制、进度控制及成本控制；工程总承包单位（EPC）的工程项目管理包括：组织建立、设计管理、采购管理、施工管理及风险管理。

8.2.2 工程项目的建设程序

工程项目的建设程序，是指工程项目从酝酿、筹划到建成投产所经历的整个过程中，必须遵循的工作环节及其先后顺序。其中，建设单位的建设程序，通常起始于工程项目的投资决策、立项策划，终止于工程项目的竣工验收、交付使用。

根据几十年来的建设实践，我国已形成了一套比较科学的建设程序。目前，我国工程项目的建设程序，大致可归纳为决策与策划、设计与计划、招标与采购、准备与实施四个阶段，其流程及主要工作见表8-1。

建设程序的阶段及主要工作 表 8-1

阶段	主要工作	说明
决策与策划	投资机会研究或项目建议书	甄别投资方向，寻找投资机会
	初步可行性研究	初步分析投资构想，展开专题研究
	详细可行性研究	提出结论性建议，确定可行方案
	方案策划与规划	策划建设要点，完成方案规划
设计与计划	初步设计	通盘研究设计对象，具体构造设计方案
	扩大初步设计（技术设计）	针对特殊项目及技术问题，展开深度研究
	编制总体建设计划	协调、指导项目的设计、招标与采购、施工与验收
	施工图设计	设计方案的具体化，满足并指导项目施工
招标与采购	设备材料采购	超过一定规模或标准时，招标采购
	承包（单位）采购	超过一定规模或标准时，招标采购
	工程服务采购	包括勘察设计、工程监理、造价咨询等
	工程总承包（单位）采购	将设计、施工、物资供应组合并采购

续表

阶段	主要工作	说明
准备与实施	施工准备	落实项目管理实施规划，做好资源储备
	组织施工	承包单位配合工程咨询（监理），按图施工
	动用准备	创造通过验收的组织、技术、物质等条件
	竣工验收	依次通过工程咨询（监理）单位的预验收、建设单位的正式验收后，进行备案

8.2.3　工程项目管理的目标

从理论或广义的目标讲，工程项目管理应当满足功能质量、时间要求，获得良好的经济效益，需要与环境相协调、具有可持续发展能力，并且令相关各方满意等；就实践或狭义的目标而言，工程项目管理应当在安全生产的前提下，同时满足工程项目的质量目标、进度目标和造价目标。

1. **工程项目的质量控制目标**

质量控制目标是指工程项目的实体、功能和使用价值，以及参与工程建设有关各方的工作质量等，符合有关法律、法规、规范、标准的规定，而且满足建设单位及承包合同的相关要求。当然，稳步提高工作质量、工序质量是确保工程质量的基础。

2. **工程项目的进度控制目标**

进度控制目标要求工程项目的最终动用实践，例如工业项目的负荷联动试车、民用及其他项目交付使用的时间，满足承包合同的约定。当然，建设单位的时间计划，需要在施工工期的基础上，进一步考虑工程项目设计与报批、招标与采购等工作的耗时与衔接。

3. **工程项目的造价控制目标**

工程造价目标是在保证工程项目质量、进度目标的前提下，对于完成工程建设任务所需要发生的建设投资或工程造价而做出的规定。"造价目标"对于建设单位而言通常是建设投资或工程造价，对于承包单位而言是工程造价或工程成本。而且，建设单位在控制建设投资的基础上，希望优化工程项目的寿命周期费用。

工程项目的质量、进度和投资控制目标是一个密切关联的整体，通常呈现出对立统一的关系。例如，加快进度往往容易忽略质量、增加造价；借助有效的管理、科技的进步等，可能会在不增加投资的前提下，缩短工期和提高质量。因此，工程项目管理必须合理确定三大目标，统筹兼顾，充分考虑它们的对立统一关系，防止出现因为盲目追求单一目标而冲击或干扰其他目标的现象。

8.2.4　工程项目招投标

招标投标是市场经济和竞争机制发展到一定程度的必然产物。我国改革开放、引入招标投标制度以来，经过起步试点、改革深化，相关法律法规与实践活动逐步完善。纵观我国的工程招标投标活动及其相关制度，可以高度概况为：法人招标；企业投标；专家评标；政府监督。

1. 工程招标投标的概念

工程招标是指招标人依据特定的程序、标明自己的目的，招请潜在的投标人依据招标文件参与竞争，从中择优选定承包单位，并与其达成协议的经济法律活动。

工程投标是指经过资格审查合格并取得招标文件的投标人，按照招标文件规定的时间和要求，将投标文件送达招标人并参与竞争的行为。

2. 招投标原则

在市场经济条件下，竞争机制、价值规律和供求关系三者同时发挥作用，并为招标投标奠定了理论基础。因此，招标投标具有竞争性、合理性、规范性、法制性、公正性等特点。我国目前招标投标的制度设计主要追求以下原则：

（1）公开原则：招投标的程序透明化，招标信息、招标规则及中标结果等都应公开。

（2）公平原则：参与投标者的法律地位平等，权利与义务相对应，且交易过程和交易结果公平。

（3）公正原则：统一的规定标准、符合法律规定的评标和决标、不偏袒任何一方。

（4）诚实信用原则：各方做到诚实守信，不可歪曲或者隐瞒事实去欺骗对方。

3. 招标方式

《中华人民共和国招标投标法》规定，招标分为公开招标和邀请招标两种方式。

1）公开招标

公开招标亦称无限竞争性招标，是指以公开发布招标公告的方式，邀请不特定的、具备资格的投标人参加投标，并按有关规定，择优选定中标人。其特点为：竞争充分、选择余地大，有利于实现工程的质量、工期和造价目标；招标工作量大、组织复杂、费时较多，以及投入的人力、物力等社会资源较多。一般适用于：关系社会公共利益、公共安全的项目；规模较大、结构复杂的工程。

2）邀请招标

邀请招标亦称选择性或有限竞争性招标，是指招标人以投标邀请书的方式，邀请特定的、具备资格的投标人参加投标（不少于 3 家），并按有关规定，择优选定中标人。其特点是：节省招标所需的费用、时间，较好地限制投标人串通抬价；竞争不充分、不利于招标人获得最优报价等。邀请招标主要适用于私人投资建设的项目，专业性较强、有资格的潜在投标人数量有限，以及中小型的工程项目。

4. 工程招标的程序

工程招标通常分为招标准备、招标实施和评标定标三个阶段。

8.3 工程项目生产安全事故与处理

建筑业是事故高发的行业之一，而且大量从业人员集中在有限的时间、相对狭小的现场内，露天作业，容易引发职业健康、施工安全、环境保护等一系列问题。近年来，随着政策法规的完善、市场主体的重视、执法力度的加强，我国建设工程的安全生产管理水平稳步提高，安全事故频发的态势得到有效遏制。但是，由于体量较大、区域发展的不平衡，安全生产的基础还不牢固，安全生产的状态不容盲目乐观。

8.3.1 安全事故的分类

1. 按照安全事故伤害程度分类

根据《企业职工伤亡事故分类》GB 6441—1986，将伤害程度分为以下三类：

（1）轻伤，指损失 1 个工作日至 105 个工作日的失能伤害；

（2）重伤，指损失工作日等于或超过 105 个工作日的失能伤害，重伤的损失工作日最多不超过 6000 个工作日；

（3）死亡，指损失工作日超过 6000 个工作日，这是根据我国职工的平均退休年龄和平均寿命计算出来的。

2. 按照安全事故类别分类

《企业职工伤亡事故分类标准》GB 6441—1986 中，将事故类别划分如下。

（1）物体打击：指落物、滚石、锤击、碎裂、崩块、砸伤等造成的人身伤害，不包括因爆炸而引起的物体打击。

（2）车辆伤害：指被车辆挤、压、撞和车辆倾覆等造成的人身伤害。

（3）机械伤害：指被机械设备或工具绞、碾、碰、割、戳等造成的人身伤害，不包括车辆、起重设备引起的伤害。

（4）起重伤害：指从事各种起重作业时发生的机械伤害事故，不包括上下驾驶室时发生的坠落伤害，起重设备引起的触电及检修时制动失灵造成的伤害。

（5）触电：由于电流经过人体导致的生理伤害，包括雷击伤害。

（6）灼烫：指火焰引起的烧伤、高温物体引起的烫伤、强酸或强碱引起的灼伤、放射线引起的皮肤损伤，不包括电烧伤及火灾事故引起的烧伤。

（7）火灾：在火灾时造成的人体烧伤、窒息、中毒等。

（8）高处坠落：由于危险势能差引起的伤害，包括从架子、屋架上坠落以及平地坠入坑内等。

（9）坍塌：指建筑物、堆置物倒塌以及土石塌方等引起的事故伤害。

（10）火药爆炸：指在火药的生产、运输、储藏过程中发生的爆炸事故。

（11）中毒和窒息：指煤气、油气、沥青、一氧化碳中毒等。

（12）其他伤害：包括扭伤、跌伤、冻伤、野兽咬伤等。

3. 按照安全事故受伤性质分类

受伤性质是指人体受伤的类型，实质上是从医学的角度给予创伤的具体名称，常见的有：电伤、挫伤、制伤、擦伤、刺伤、撕脱伤、扭伤、倒塌压埋伤、冲击伤等。

4. 按照生产安全事故造成的人员伤亡或直接经济损失分类

2007 国务院发布的《生产安全事故报告和调查处理条例》（国务院令第 493 号，以下简称《条例》）第三条规定：根据生产安全事故（以下简称事故）造成的人员伤亡或者直接经济损失，事故一般分为以下等级：

（1）特别重大事故：是指造成 30 人以上死亡，或者 100 人以上重伤（包括急性工业中毒，下同），或者 1 亿元以上直接经济损失的事故；

（2）重大事故：是指造成 10 人以上 30 人以下死亡，或者 50 人以上 100 人以下重伤，或者 5000 万元以上 1 亿元以下直接经济损失的事故；

（3）较大事故：是指造成 3 人以上 10 人以下死亡，或者 10 人以上 50 人以下重伤，或者 1000 万元以上 5000 万元以下直接经济损失的事故；

（4）一般事故：是指造成 3 人以下死亡，或者 10 人以下重伤，或者 1000 万元以下直接经济损失的事故。

8.3.2 安全事故的处理

1. 生产安全事故报告和调查处理的"四不放过"原则

1）事故原因未查清不放过

要求在调查处理伤亡事故时，首先要把事故原因分析清楚，找出导致事故发生的真正原因，未找到真正原因决不轻易放过。直至找到真正原因并搞清各因素之间的因果关系才算达到事故原因分析的目的。

2）事故责任人未受到处理不放过

这是安全事故责任追究制的具体体现，对事故责任人要严格按照安全事故责任追究的法律法规的规定进行严肃处理；不仅要追究事故直接责任人的责任，同时要追究有关负责人的领导责任。当然，处理事故责任者必须谨慎，避免事故责任追究的扩大化。

3）事故责任人和周围群众没有受到教育不放过

使事故责任人和广大群众了解事故发生的原因及所造成的危害，并深刻认识到做好安全生产的重要性，从事故中吸取教训，提高安全意识，改进安全管理工作。

4）事故没有制定切实可行的整改措施不放过

必须针对事故发生的原因，提出防止相同或类似事故发生的切实可行的预防措施，并督促事故发生单位加以实施。只有这样，才算达到了事故调查和处理的最终目的。

2. 事故报告的要求

1）事故报告要求

生产安全事故发生后，受伤者或最先发现事故的人员应立即用最快的传递手段，将发生事故的时间、地点、伤亡人数、事故原因等情况，向施工承包单位负责人报告；施工承包单位负责人接到报告后，应当在 1h 内向事故发生地县级以上人民政府建设主管部门和有关部门报告。实行施工总承包的工程项目，由总承包单位负责上报事故。

情况紧急时，事故现场有关人员可以直接向事故发生地县级以上人民政府建设主管部门和有关部门报告。

2）建设主管部门事故报告要求

安全生产监督管理部门和负有安全生产监督管理职责的有关部门接到事故报告后，应当依照下列规定上报事故情况，并通知公安机关、劳动保障行政主管部门、工会和人民检察院。

（1）特别重大事故、重大事故逐级上报至国务院安全生产监督管理部门和负有安全生产监督管理职责的有关部门；

（2）较大事故逐级上报至省、自治区、直辖市人民政府安全生产监督管理部门和负有安全生产监督管理职责的有关部门；

（3）一般事故上报至设区的市级人民政府安全生产监督管理部门和负有安全生产监督管理职责的有关部门。

安全生产监督管理部门和负有安全生产监督管理职责的有关部门依照前款规定上报事故情况，应当同时报告本级人民政府。国务院安全生产监督管理部门和负有安全生产监督管理职责的有关部门以及省级人民政府接到发生特别重大事故、重大事故的报告后，应当立即报告国务院。必要时，安全生产监督管理部门和负有安全生产监督管理职责的有关部门可以越级上报事故情况。

安全生产监督管理部门和负有安全生产监督管理职责的有关部门按照上述规定逐级上报事故情况时，每级上报的时间不得超过 2h。

3）事故报告的内容

（1）事故发生单位概况；

（2）事故发生的时间、地点以及事故现场情况；

（3）事故的简要经过；

（4）事故已经造成或者可能造成的伤亡人数（包括下落不明的人数）和初步估计的直接经济损失；

（5）已经采取的措施；

（6）其他应当报告的情况。

事故报告后出现新情况，以及事故发生之日起 30 日内伤亡人数发生变化的，应当及时补报。

3. 事故调查

根据《条例》等相关规定的要求，事故调查处理应当坚持实事求是、尊重科学的原则，及时、准确地查清事故经过、事故原因和事故损失，查明事故性质，认定事故责任，总结事故教训，提出整改措施，并对事故责任者依法追究责任。

事故调查报告的内容应包括：事故发生单位概况；事故发生经过和事故救援情况；事故造成的人员伤亡和直接经济损失；事故发生的原因和事故性质；事故责任的认定和对事故责任者的处理建议；事故防范和整改措施。

事故调查报告应当附具有关证据材料，事故调查人员应当在事故调查报告上签名。

4. 事故处理

1）施工承包单位的事故处理

（1）事故现场处理：

事故处理是落实"四不放过"原则的核心环节。在事故发生后，事故发生单位应当严格保护事故现场，做好标识，排除险情，采取有效措施抢救伤员和财产，防止事故蔓延扩大。

事故现场是追溯判断发生事故原因和事故责任人责任的客观物质基础。因抢救人员、疏导交通等原则，需要移动现场物件时，应当做出标志，绘制现场简图并做出书面记录，妥善保存现场重要痕迹、物证，有条件的可以拍照或录像。

（2）事故登记：

施工现场要建立安全事故登记表，作为安全事故档案，对发生事故人员的姓名、性别、年龄、工种等级、负伤时间、伤害程度、负伤部位及情况、简要经过及原因记录归档。

（3）事故分析记录：

施工现场要有安全事故分析记录，对发生轻伤、重伤、死亡、重大设备事故及未遂事故必须按"四不放过"的原则组织分析，查出主要原因，分清责任。提出防范措施，应吸取的教训要记录清楚。

（4）安全事故月报：

要坚持安全事故月报制度，若当月无事故也要报空表。

2）建设主管部门的事故处理

（1）建设主管部门应当依据有关人民政府对事故的批复和有关法律法规的规定，对事故相关责任者实施行政处罚。处罚权限不属本级建设主管部门的，应当在收到事故调查报告批复后 15 个工作日内，将事故调查报告（附有关证据材料）、结案批复、本级建设主管部门对有关责任者的处理建议等，转送有权限的建设主管部门。

（2）建设主管部门应当依照有关法律法规的规定，对因降低安全生产条件导致事故发生的施工单位给予暂扣或吊销安全生产许可证的处罚；对事故负有责任的相关单位给予罚款、停业整顿、降低资质等级或吊销资质证书的处罚。

（3）建设主管部门应当依照有关法律法规的规定，对事故发生负有责任的注册执业资格人员给予罚款、停止执业或吊销其注册执业资格证书的处罚。

思考题

1. 施工组织设计的主要内容有哪些？
2. 简述工程项目管理的目标。
3. 安全事故的类别有哪些？
4. 简述生产安全事故的等级划分。
5. 简述安全事故的处理原则。
6.《中华人民共和国招标投标法》对评标委员会的组建有哪些要求？

第9章
土木工程防灾与减灾

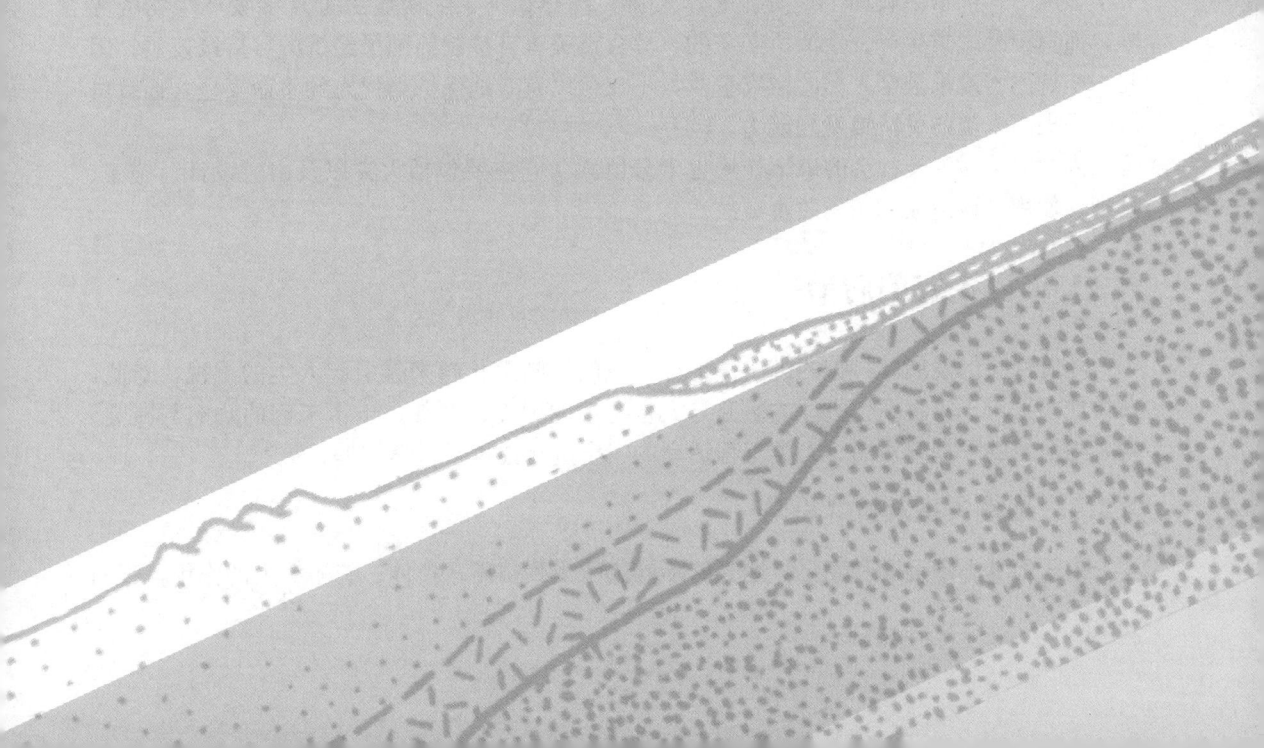

学习目标：

    1. 了解灾害类型及其危害；

    2. 认识各类工程灾害及其防治措施；

    3. 了解工程结构检测的基本流程；

    4. 理解工程结构加固的原因及加固方法。

所谓灾害，是指由于自然的、人为的或人与自然的原因，对人类的生存和社会发展造成损害的各种现象。灾害是事物运动、变化、发展的一种极端表现形式，其特点是损害人类的利益、威胁人类的生存和持续发展。

9.1 灾害类型及危害

9.1.1 灾害的类型

灾害的种类繁多，分类方法也不同。从灾害发生的原因来分，可以分为自然灾害和人为灾害两大类。自然灾害是自然界中物质变化、运动构成的灾害。人为灾害是由于人的过错或某些丧失理性的失控行为给人类自身造成的损害。

对工程结构影响较大的灾害类型主要包括地震、风灾、地质灾害（滑坡、崩塌、泥石流）及各类人为因素造成的工程灾害，如由于设计、施工、管理、使用失误造成的工程事故、火灾及工程爆炸等。

人类在土木工程的建设和使用过程中，应了解和掌握土木工程可能受到的各种灾害的发生规律、破坏形式及预防措施。

9.1.2 灾害造成的危害

自然灾害对人类社会的危害主要体现在：危及人类生命和健康，造成人口大量死亡；破坏公益设施和公私财产，造成巨大经济损失；破坏环境资源，影响城市可持续发展。如干旱、风沙、洪水会破坏土地资源和水资源；森林火灾、生物病虫害直接破坏生物资源等，而资源是人类生产、生活所必需的，故自然灾害直接制约国民经济的可持续发展。因此，坚持不懈地推进全人类的减灾事业，不仅可以有效地保护当代人的生命安全，而且可以全面提高人类的可持续发展能力。

人为灾害对人类社会的破坏作用也十分巨大。它主要包括火灾以及由于设计、施工、管理、使用失误造成的工程质量事故。

9.2 工程灾害的防治措施

随着社会的发展、科技的进步，生存环境的不断恶化越来越引起人类的重视，对此，人类加大了对于灾害发生机理的研究与灾害防治的力度，尤其是土木工程的防灾与减灾，为人与自然的可持续发展、人类工程活动的安全进行提供了科学依据。

9.2.1 地震灾害及抗震设防

由于地球不断运动和变化，地壳的不同部位受到挤压、拉伸、旋扭等力的作用，逐渐积累了能量，在某些脆弱部位，岩层容易突然破裂，引起断裂、错动，于是引发地震。地震是由于地壳破坏引发的地面运动，这种地面运动对人工建筑物可以造成严重破坏。

地震通常发生在地球板块相交地带。如欧洲与亚洲大陆板块相交处是地震频发地区，被称为欧亚地震带；太平洋与陆地板块相交处也是地震频发地区，被称为环太平洋地震带。

我国地处这两大地震带之间，是世界上地震灾害最为严重的国家之一。北京市地震局对我国各种灾害中人员死亡情况进行了对比，地震灾害严重威胁生命安全（图9-1）。

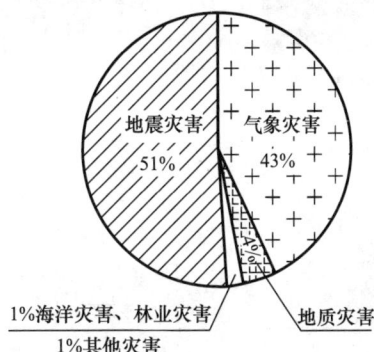

图 9-1　中国各种灾害人口死亡比例图

我国对地震灾害的重视始于1966年邢台地震。1976年唐山地震以后，我国加强了地震监测和预报，在全国建立了地震监测预报网。在工程界，依据《中华人民共和国防震减灾法》，重新修订了各地的抗震设防烈度，提高了工程抗震设计和抗震检验的标准，编制、修订了包括《建筑抗震设计标准》GB/T 50011在内的一系列有关抗震设防、结构鉴定及加固的标准和规范。20世纪80年代，我国还相继建立了几个大型振动台试验室，不仅为我国结构抗震研究提供了试验手段，而且对一批典型结构和重要建筑进行了抗震试验，如上海东方明珠广播电视塔、上海金茂大厦等。

传统的结构抗震是通过增强结构本身的抗震性能，如结构强度、刚度、延性，来抵御地震作用的，即由结构本身储存消耗地震能量，这是消极被动的抗震措施。

20世纪90年代以来，工程减震、隔震理论的研究和应用成为工程抗震领域的热点。各种减震、隔震装置层出不穷。常用的减震装置有调频质量阻尼器、液体阻尼器和各种摩擦阻尼器，其中以摩擦阻尼器应用最为广泛。隔震装置广泛应用于建筑物的基础和桥梁墩台处，形式非常丰富，如橡胶垫隔震、铅心隔震、滚珠隔震等，其中以橡胶垫隔震、铅心隔震和橡胶垫铅心组合隔震最为常用。

所谓消能减震设计，指在房屋结构中设置消能装置，通过其局部变形提供附加阻尼，以消耗输入上部结构的地震能量，达到预期防震要求。所谓隔震设计，是指在房屋底部设置的由橡胶隔震支座和阻尼器等部件组成的隔震层，以延长整个结构体系的自振周期、增大阻尼、减少输入上部结构的地震能量，达到预期防震要求。

目前，工程减震、隔震理论的研究已成为工程抗震领域的热点问题。我国土木工程的抗震、隔震着重考虑以下几方面：①场地选择；②地基和基础；③建筑平面和立面布置；④抗震结构体系；⑤构件与节点；⑥减震与隔震设计。见图9-2～图9-5。

图 9-2　地震造成的房屋倒塌

图 9-3　地震造成的桥梁垮塌

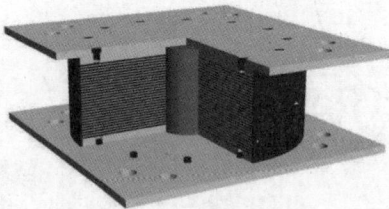

图 9-4　橡胶隔震支座

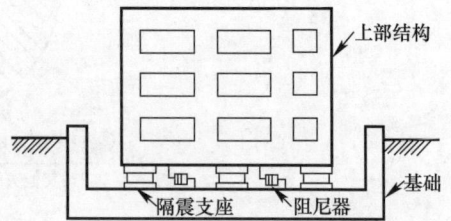

图 9-5　基础隔震结构的模型图

9.2.2　地质灾害及防治

地质灾害包括滑坡、泥石流和砂土液化等。地质灾害的发生一般存在诱因。滑坡和泥石流一般由暴雨诱发；砂土液化通常由地震引起。

滑坡和泥石流的形成原因是山体的整体性和稳定性差，同时山体浅层中含黏土等细粒颗粒较丰富，在暴雨侵蚀下黏土层抗剪强度降低，在上部土体的重力作用下形成滑动层。

滑坡的防治有三种方法：锚杆加固法、建立护坡或挡土墙、降低坡度法。多数时候，这三种方法要同时采用。锚杆加固法是通过在不稳定土体打入锚杆，增强土体的整体性。锚杆打入深度必须超过不稳定土体厚度。护坡能够保护坡体不受暴雨直接冲刷，减少雨水侵蚀强度，起到保护土体作用。挡土墙可以为土体提供侧向支撑，避免重力滑坡。降低坡度法通过山体开挖，降低山体坡度。一方面，减少了不稳定土体质量；另一方面，滑动面坡度变缓时，滑动面上所受的剪力减小。

土壤液化是指（一般发生在含水率较高、砂土含量较大的土壤），在遭受地震时发生的一种土壤喷砂冒水现象。其发生原理是，在地震作用下土壤中的孔隙水达到了饱和水压力，土壤抗剪强度降为零。土壤液化对建筑基础和埋地管线等地下建筑的破坏很严重。由于液化土壤抗剪强度为零，会造成基础发生不均匀沉降，上部结构则会出现裂缝。

工程中，可以通过以下几个途径降低或避免土壤液化的破坏。当土壤液化区域较小时，可以通过地基置换避免液化的发生。当挖除置换比较困难时可考虑人工加密措施，使其达到与设计地震烈度相适应的密实状态，然后采取加强排水等附加防护措施。对浅土层可以进行表面振动加密，对深土层可以采用强夯法、振动水冲法、振动沉管挤密法等。

9.2.3　风灾及抗风

常见的风灾有台风、龙卷风和暴风。台风为急速旋转的暖湿气团，直径在 300～1000km 不等。靠近台风中心的风速常超过 180km/h，由中心到台风边缘风速逐渐减弱。龙卷风是一股急速上升的旋转气流，呈漏斗状，移动速度通常超过 300km/h。强大风力对海洋平台、码头、近海岸建筑、自然环境、工农业生产破坏非常巨大。见图 9-6。

图 9-6　台风"威马逊"造成的房屋破坏

在台风和龙卷风发生的同时一般会引发风暴潮、巨浪和强暴雨等次生灾害。在植被保护不好的坡地和山区，暴风雨又会造成滑坡和泥石流等地质灾害。台风—洪水—地质灾害一旦形成灾害链，对受灾区内的建筑和生命线工程系统会造成毁灭性破坏。

为了减少台风、龙卷风的破坏，可以提高监测、加强抗风能力和完善水利工程。目前，卫星、雷达等先进监测设备的使用提高了我们对台风、龙卷风的预报能力，使人们能够及时躲避风灾可能带来的伤害。

对于高层建筑、大跨结构、柔性大跨桥梁、输电塔和渡槽等受风面积大的柔性结构，抗风设计与抗震设计具有同等重要的意义。

9.2.4　火灾与防火

火灾是指失去控制的火在蔓延过程中给人类生命财产造成损失的一种灾害。它可以是天灾，也可以是人祸。火灾是各种灾害中最危险、最常见、最具毁灭性的灾种之一。

火灾的属性按照产生燃烧的条件可以分为自然火灾和建筑物火灾。自然火灾是指在森林、草场等一些自然地区发生的火灾。如火山喷发、干旱高温的自燃等。这类火灾发生的次数不多，但一般火势都较大，难以扑灭，如森林火灾、煤矿火灾等。建筑物火灾是指发生于各种人为建造的物体内的火灾，建筑物火灾不仅会引起巨大的财产损失，还会造成重大的人员伤亡。据联合国"世界火灾统计中心"近年来不完全统计，全球每年发生 600 万～700 万起火灾，有 6.5 万～7.5 万人死于火灾中，每年的火灾经济损失可达整个社会生产总值的 0.2%，而这些火灾损失大多数是建筑火灾造成的，因此，如何防止建筑火灾的发生、减少建筑火灾损失已成为人们认真研究的重大课题。对建筑火灾的防范可以从多方面入手。首先，在设计阶段要做好建筑防火设计。如在建筑总平面设计中，考虑建筑物防

图 9-7　上海高层公寓特
大火灾事故

火间距、消防通道和防火分区等；在建筑构造设计中，设置防火墙、排烟道、卷帘门及紧急疏散通道等；在建筑物内部装修设计中，选用耐火性好的材料；同时，按照消防设计，配备消防系统。在建筑日常使用中，落实防火责任制度，防患于未然。见图 9-7。

9.2.5　其他灾害

除了自然灾害，一些人为灾害给人类造成的损失也非常惨重。人为灾害主要是由于管理失误或漠视安全生产造成的，如火灾、工程腐蚀和一些存在设计缺陷、施工质量差的"豆腐渣"工程。在工程设计、施工、管理、应用中，需要尽可能地避免人为灾害；同时，也需要在工程建设中适度考虑工程的抗火能力、抗腐蚀能力。有些人为灾害可以通过设计降低灾害发生概率，如在矿井设计中，一个好的通风系统设计能够明显降低瓦斯爆炸的发生概率；建筑中，应急通道设计大大降低了灾害可能造成的生命损失。

因此，如何抗灾、防灾、救灾及进行灾害损失评价，成为近年来备受土木工程界关注和重点研究的课题。工程抗震、抗风和抗火已成为三个深度拓展的研究领域。洪水、火山及地质灾害的监测技术和预测模型也取得很大进步。如，意大利先进计算机系统公司称，该公司最近研制成功一套软件，可模拟降雨量对大地的影响，从而对洪水的来临进行预报。先进计算机系统公司在罗马展示了这套软件。这一名为"洪峰"的软件可将某一特定地区的暴雨或持续降雨的数据与当地土质、地形等数据进行模拟处理，从而预报大雨对环境的影响，特别是洪水的流向和可能造成的破坏等。我国武汉大学对洪水灾害建立了水文模型、水力模型和洪水灾害的损失评估模型，给出了洪水分布、洪水演化发展及危害程度的评估方法。许多灾害的发生具有相关关系，如洪水会引发泥石流等地质灾害。

9.3　工程结构检测与加固

9.3.1　工程结构检测与鉴定

建筑结构的检测与鉴定应以国家及有关部门颁布的标准、规范或规程为依据，按照其规定的方法、步骤进行检测、鉴定和计算，在此基础上对结构的可靠性作出科学的评判。土木工程的检测、鉴定和加固是目前土木工程领域的热门技术之一，其基本流程如图 9-8 所示。

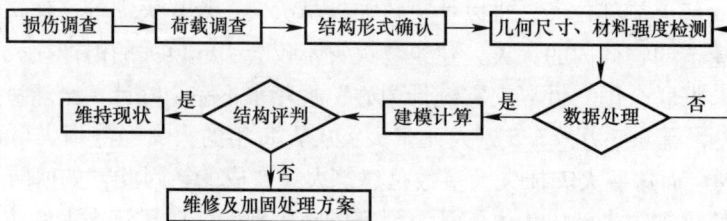

损伤调查 → 荷载调查 → 结构形式确认 → 几何尺寸、材料强度检测

维持现状 ← 结构评判 ←（是）← 建模计算 ←（是）← 数据处理 ←（否）

结构评判 →（否）→ 维修及加固处理方案

图 9-8　工程结构检测鉴定基本流程

9.3.2　工程结构抗灾与改造加固

自然灾害造成的建筑事故频频发生，灾后检测鉴定与加固工程增多。土木工程抗灾最终要落实在工程结构抗灾和工程结构在受灾以后的检测与加固等。工程结构受到地震、风、火、水、冰冻、腐蚀和施工不当引起的灾害，涉及灾害材料学、灾害检测学、灾害修复和加固等领域。在我国，旧房改造、受灾房屋加固等工程项目已越来越多；同时，加固产生的社会效益和经济效益也越来越大，检测工具与方法、加固方法也越来越先进。见图9-9、图9-10。

图9-9　桥梁结构检测　　　　　　　图9-10　楼板厚度检测仪

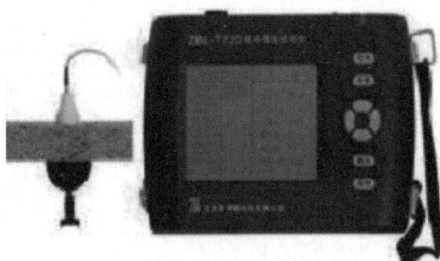

建筑物需要加固和改造的原因通常有以下情况：

（1）使用功能改变。如建筑物进行改建、扩建、加层等。

（2）抗震加固。现有结构达不到抗震设防指标，对结构进行加固改造，增加抗震能力。

（3）结构损害。建筑物年久失修或由于各种灾害影响导致结构损伤或破坏，不能满足目前的使用要求或安全度不足。

（4）纠正设计或施工失误。如设计存在缺陷或施工偷工减料等。

（5）历史性建筑的保护。如上海美术馆（原上海跑马场）。

基于上述各种原因，往往需要对土建工程结构进行加固。

建筑物的加固方法很多，分别适用不同工程结构，主要有置换法、绕丝法、粘钢法等。

1）混凝土结构主要加固方法

（1）扩大截面法。扩大截面法最简单易行，通过加大混凝土梁柱截面提高梁柱承载能力；其缺点是建筑净空有一定的减小。

（2）粘钢或外贴碳纤维加固。通过在混凝土构件的表面（一般在受拉区）粘贴薄钢板或碳纤维，使其与混凝土协同工作，以提高构件承载能力，但需要专门的防火处理。

（3）外包钢加固法。外包钢加固法是在构件（如混凝土柱）的四角或两面包以型钢，构件截面尺寸增加不多，但混凝土柱的承载力可大幅度提高。

（4）预应力加固法。通过对建筑构件施加预应力，能够抵消部分外加荷载，起到卸载作用。尤其适用于大跨度结构。

2）砌体结构主要加固方法

增设扶壁柱法和钢筋网水泥砂浆面层加固法。另外，对砖柱还有加大截面法和外包角钢加固法等。

3）钢结构加固方法

①改变结构计算图形；②加大构件截面；③加强焊缝连接。

土木工程学科的发展，很大程度上依赖于性能优异的新材料、新技术的应用和发展。复合材料以其优异的力学性能和良好的加固效果，成为国内外研究和应用的热点。用复合材料对结构进行加固具有如下优点：轻质高强、高弹性模量、抗疲劳、耐腐蚀、耐久性能好、厚度薄、可自由裁剪、施工简便、与混凝土结合密实等。其中，碳纤维材料的应用最为广泛。

思考题

1. 土木工程中的灾害有哪些？
2. 试列举常见的三类地质灾害，简述其防治措施有哪些。
3. 简述常见的结构加固改造方式。
4. 试述主体结构常用的几种检测方法。

第10章

数字化技术在土木工程中的应用

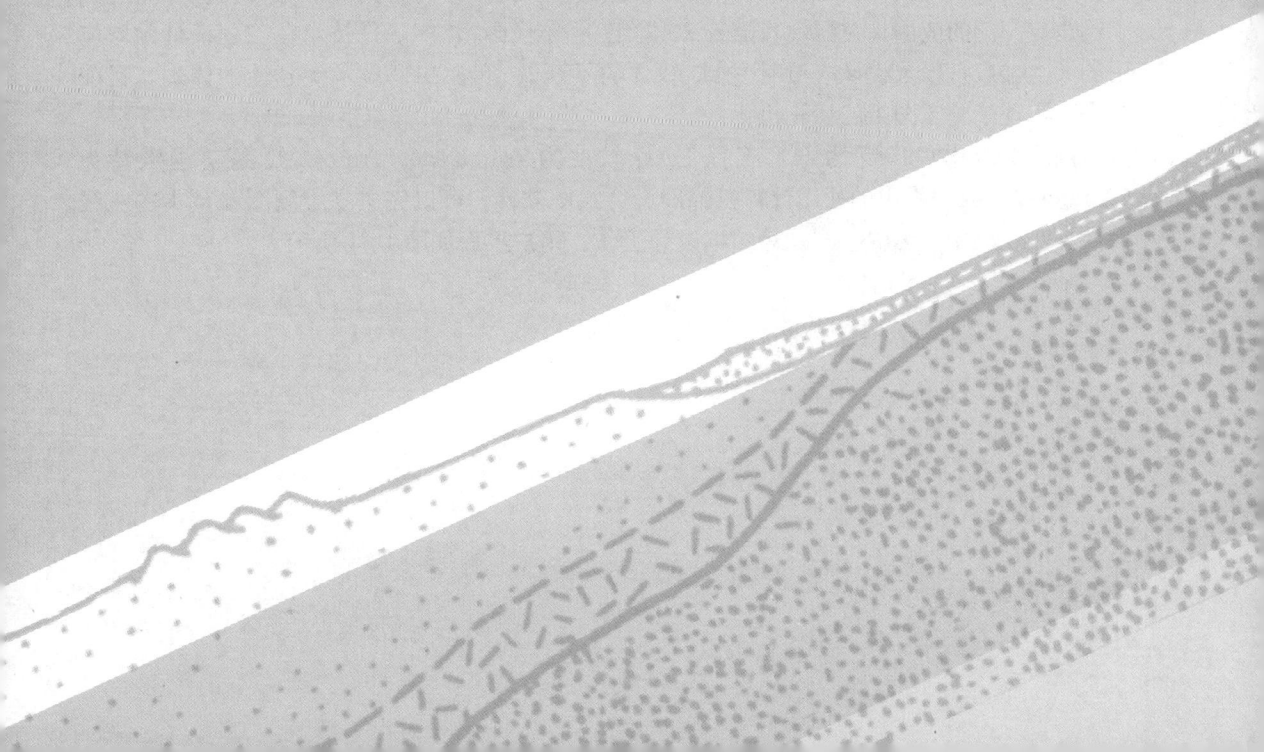

学习目标：

1. 认识并熟悉计算机绘图软件 CAD；

2. 认识计算机建模与分析计算软件，了解虚拟仿真在各类工程中的应用；

3. 掌握 BIM 的定义，认识 BIM 类软件，了解 BIM 在国内外的应用发展。

在当今时代，数字化技术的触角已延伸至众多领域。从微观层面的产品策划、设计、制造及销售，到宏观领域如医疗、教育和军事，都在积极探寻数字化技术的融合与应用。

土木工程领域亦不例外，数字化技术已全面渗透其中。无论是结构设计与绘图的精益求精，还是施工管理的科学高效、预算造价的精准把控，乃至土木工程的整体规划与管理，数字化技术均发挥着关键作用。

尤为值得一提的是，BIM 技术的崛起与发展，宛如一股强大的动力，极大地推动了数字化土木工程的前行。它不仅使设计过程更加直观可视，有效减少设计误差，还能在施工阶段提前模拟施工流程，优化资源配置，为项目的顺利推进提供有力保障，让土木工程在数字化的浪潮中焕发出崭新的活力。

10.1 计算机绘图软件 (CAD)

计算机辅助设计（Computer Aided Design，简称 CAD）是指使用计算机及其图形设备帮助设计人员完成设计工作。CAD 技术最初的发展可追溯到 20 世纪 60 年代，美国麻省理工学院（MIT）的 Ivan Sutherland 首先提出了人机交互图形通信系统，并在 1963 年的计算机联合会议上展出，引起了人们的极大兴趣。这一时期，人们对计算机图形学进行了大量的研究，为 CAD 技术奠定了很好的基础。

设计人员可以使用 CAD 技术快速绘制图形，并且可以进行图形的编辑放大、缩小、平移、复制和旋转等编辑工作。CAD 技术的应用，将设计人员从手工绘图中解放了出来，不仅节省了绘图时间，而且修改方便。正是由于 CAD 技术的强大优点，其在世界上得到了迅速与广泛的应用。在国内，随着 20 世纪 90 年代国家对 CAD 技术在工程设计领域应用的大力推广，以及设计人员对 CAD 软件的不断熟悉与 CAD 技术优越性的体现，目前已完全实现了施工图纸的计算机化。

国际上应用最广泛的土木工程 CAD 软件为 AutoCAD。AutoCAD 是美国欧特克（Autodesk）公司推出的通用计算机辅助设计绘图软件，可以完成二维制图和基本的三维设计，实现绘制、编辑、删除等图纸设计工作。用户界面如图 10-1 所示。

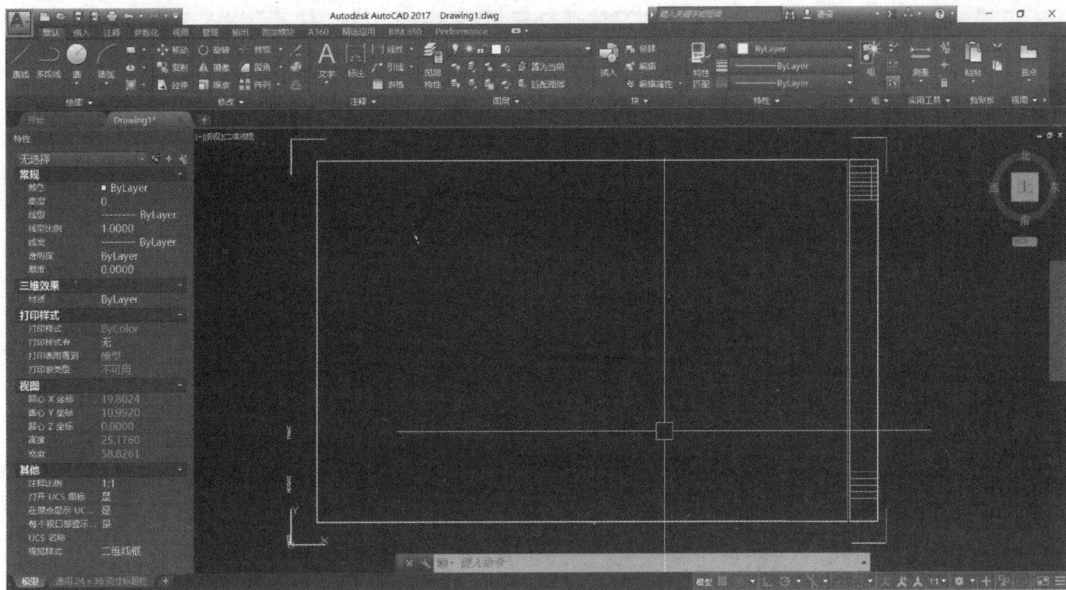

图 10-1 AutoCAD 用户界面

10.2 计算机结构建模计算与仿真软件

10.2.1 结构设计计算软件

为最大限度地简化结构工程师的工作，国内外均开发了集成设计、结构分析、施工图绘制的结构设计软件。该类软件不仅实现了结构的布置、整体结构的受力分析、构件的受力计算，且可按各国规范自动计算构件配筋，验算构件的强度、稳定、变形等，同时能够依据计算分析结果，绘制结构施工图。

在该类集成化的结构设计软件中，国内主要有 PKPM 系列、盈建科、广厦、理正、桥梁博士等软件，国外主要有 ETABS、STAAD.Pro、midas、SAFE 等软件。

PKPM 是面向钢筋混凝土结构的框架、排架、框架-剪力墙、剪力墙结构、砖混结构等的设计、分析、计算、施工图绘制软件系统，可用于多层建筑，也可用于高层建筑。它包含多个软件包，如 PK、PMCAD、TAT、SAT、SATWE 等。PKPM 操作界面如图 10-2 所示。

10.2.2 结构有限元分析软件

集成化的结构设计软件，一般只能分析设计典型的土木工程结构。而土木工程是庞大而复杂的，特别是随着土木工程向着更高、更深、更大跨度的不断发展，以及设计体型的多样化、各种新材料、新工艺的应用、复杂的工况与地理环境等，这些都需要性能更加强大的有限元分析软件进行分析设计。

有限元分析（Finite Element Analysis，简称 FEA）或有限元方法（Finite Element Method，简称 FEM）是一种用于求解微分方程组或积分方程组数值解的数值模拟方法。

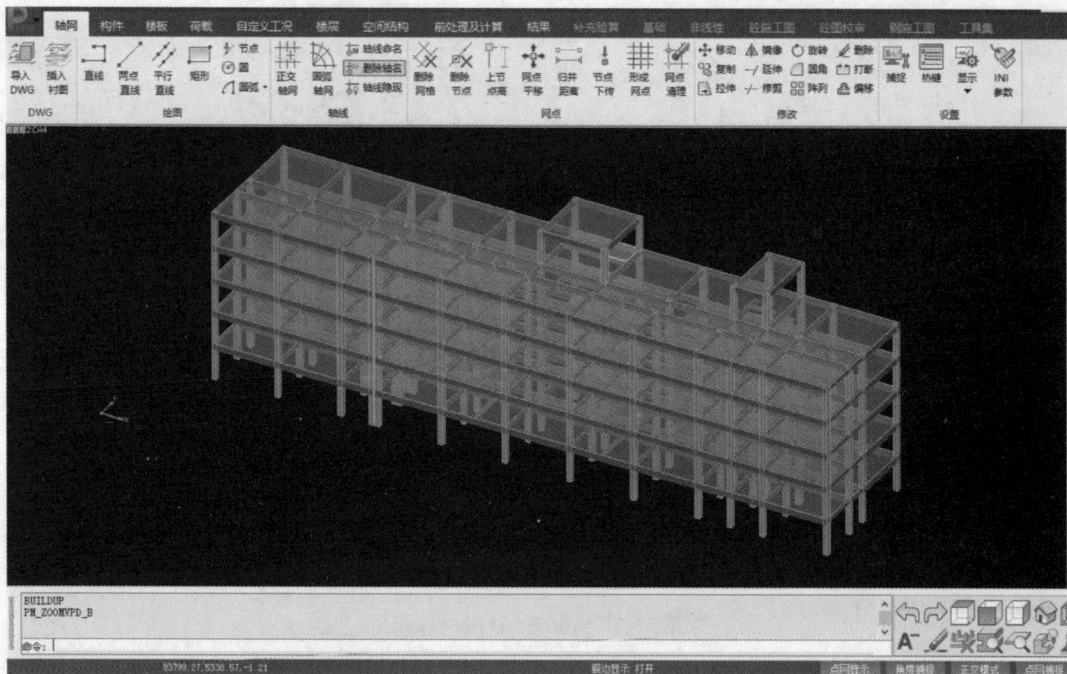

图 10-2　PKPM 操作界面

其起源于 20 世纪 50 年代航空工程中飞机结构的矩阵分析，并经过几十年的发展，不断应用于新的领域。

有限元方法的思想最早可追溯到古人的"化圆为直"的做法。我国古代数学家刘徽利用割圆法来对圆周长进行计算，实际上已经体现了有限元离散逼近的思想，即采用大量的简单小物体来"充填"出复杂的大物体。

有限元方法是以力学理论、数学理论、计算机理论为基础的一种方法，它的基本求解思想是将一个整体结构剖分为有限个离散的单元，再对单元进行详细、精确的计算，得到单元的位移、应力和应变的关系，然后整合所有单元的刚度矩阵，引入边界条件，就可得到一组以节点位移为未知量的线性代数方程组。求解这个方程组，就可获得节点位移，得到结构分析结果。

借助于计算机技术的飞速发展，基于有限元方法原理的软件大量涌现。在土木工程领域中，主要的有限元分析软件有 ANSYS、SAP2000、ADINA、ABAQUS、midas、MSC Nastran、ALGOR 等。

ANSYS 软件是美国 ANSYS 公司研制的大型通用有限元分析软件，分析界面如图 10-3 所示。

10.2.3　计算机模拟仿真

许多工程结构是毁于台风、地震、火灾、洪水等灾害作用。对这种小概率、大荷载作用下的工程结构性能，很难用试验去——验证。一是参数变化条件不可能全模拟；二是实体试验成本过高；三是破坏试验有危险性，设备难以跟上。而计算机仿真技术可以在计算机上模拟原型大小的土木工程构筑物在灾害荷载作用下从变形到倒塌的全过程，从而揭示

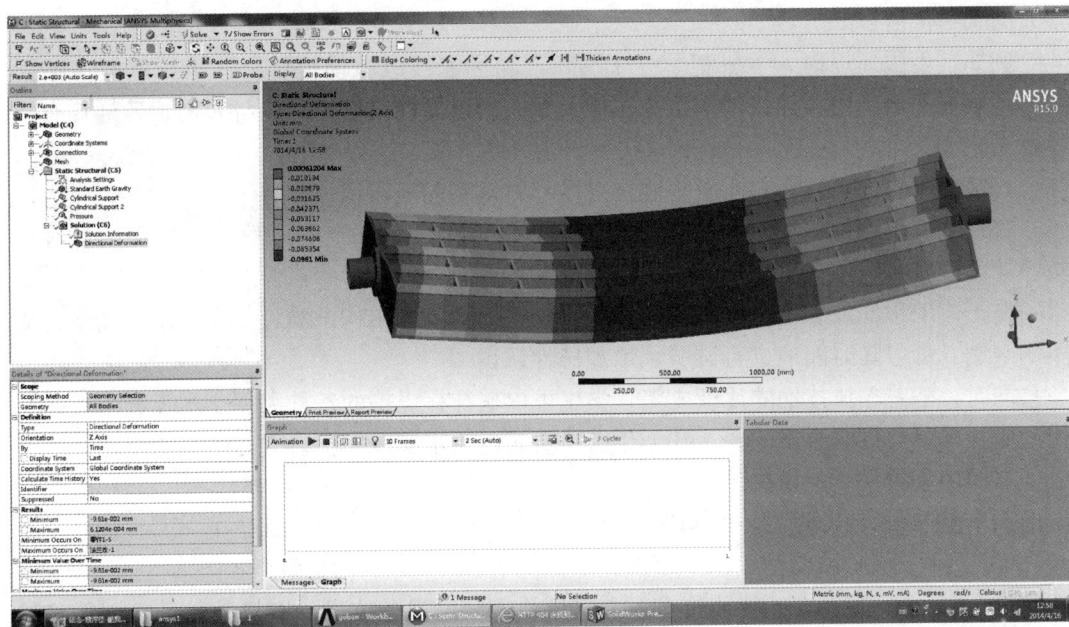

图 10-3　ANSYS 分析界面

结构不安全的环节和因素。用此指导设计，可大大提高土木工程的可靠性。

计算机模拟仿真技术随着计算机硬件的发展而得到迅速发展。计算机仿真是利用计算机对自然现象、系统功能以及人脑思维等客观世界进行逼真的模拟。这种模拟仿真是数值模拟的进一步发展。

1. 计算机模拟仿真在结构工程中的应用

工程结构在各种外加荷载作用下的反应，特别是破坏过程和极限承载力，是工程师们关心的课题。当结构形式特殊、荷载及材料特性十分复杂时，人们常常借助于结构的模型试验来获得其受力性能。但是，当结构参数发生变化时，这种试验有时就会受到场地和设备的限制。利用计算机仿真技术，在计算机上做模拟试验就方便多了。

结构工程的计算机还用于事故的反演，寻找事故的原因，如核电站、海洋平台、高坝等大型结构，一旦发生事故，损失巨大，又不可能做真实试验来重演事故。计算机仿真则可用于反演，从而确切地分析事故原因。

2. 计算机模拟仿真在防灾工程中的应用

人类与自然灾害或人为灾害作了长期的斗争。由于灾害的重复试验几乎是不可能的，因此计算机仿真在这一领域的应用就更具意义。

目前，已有不少关于抗灾防灾的模拟仿真软件被研制成功。例如，洪水灾害方面，可以模拟洪水泛滥淹没区的发展过程，计算机就可以根据水量、流速及区域面积和高程数据，计算出不同时刻淹没的区域及高程，并在图上显示出来。人们可从计算机屏幕上看到洪水的涌入，并从地势低处向高处逐渐淹没的全过程，这样可为防灾措施提供生动而可靠的资料。又如火灾、地震等，均可以进行模拟演示。

3. 计算机模拟仿真在岩土工程中的应用

岩土处于地下，往往难于直接观察，而计算机仿真则可以把内部过程展示出来，具有很大的实用价值。

例如，美国斯坦福大学研制了一个河口三角洲泥沙沉积模拟软件。当给定河口条件后，可以显示出不同粒径泥沙的沉积区域及相应的厚度，这对港口设计及河道疏通均有指导意义。

4. 计算机模拟仿真在教学中的应用

将计算机模拟仿真技术与课堂教育结合，可以充分展现土木工程实践性强的学科特点，让学生在实践中获得知识，实现实践与理论的融合。

在土木工程的教学中，计算机模拟仿真可以模拟各种结构试验，让学生不受场地、成本的限制，可以随时随地进行试验，增加感性认识。

同时，随着 VR 技术的逐渐成熟，学生可以徜徉在虚拟的各种大型土木工程中，在三维的虚拟世界中领略土木工程，让学生获得真正的工程实践体验。

10.3 建筑信息模型（BIM）

近 30 年来，随着人工智能技术、多媒体技术、可视化技术、网络技术等新兴信息技术的飞速发展及其在工程领域中的广泛应用，信息技术已成为建筑业在 21 世纪持续发展的命脉。

在工程设计行业，CAD 技术的普遍运用，已经彻底把工程设计人员从传统的设计计算和绘图中解放出来。他们可以把更多的精力放在方案优化、改进和复核上，大大提高了设计效率和设计质量，缩短了设计周期。

施工企业运用现代信息技术、网络技术、自动控制技术以及信息、网络设备和通信手段，在企业经营、管理、工程施工的各个环节上都实现了信息化，包括信息收集与存储的自动化、信息交换的网络化、信息利用的科学化和信息管理的系统化，提高了施工企业的管理效率、技术水平和竞争力。

城市规划、建设中利用人工智能和 GIS（Geographic Information System，地理信息系统）技术，提供城市、区域乃至工程项目建设规划的方案制定和决策支持，CAE（Computer Aided Engineering，计算机辅助工程）技术也得到了不同程度的发展和应用。当前，工程领域计算机应用的范围和深度也在不断发展，建筑工程 CAD 正朝着智能化、集成化和信息化的 BIM（Building Information Modeling）方向发展，异地设计、协同工作、信息共享的模式正受到广泛的重视。计算机的应用已不再局限于辅助设计，而是扩展到了工程项目全生命周期的每一个方向和每一个环节。CAD 已经走向 BIM，即在工程项目全生命周期的每一个方向和每一个环节中全面应用信息处理技术、虚拟现实 VR（Virtual Reality）技术、可视化技术等与 BIM 相关的支撑技术。

10.3.1 BIM 的定义

2002 年，时任 Autodesk 公司副总裁菲利普·伯恩斯坦初次提出 BIM 的本意，当时认为 BIM 就是 Building Information Modeling，此时对 BIM 的认识还比较初步。当时，不单是认识上比较初步，在应用上也比较粗浅。

BIM（Building Information Modeling）的中文名称为"建筑信息模型"，是基于数字

化三维建筑模型的建设工程信息集成和管理技术。

该技术是使用 BIM 建模软件构建三维建筑模型，模型包含建筑所有构件、设备等几何和非几何信息以及之间的关系信息，模型信息随着建设项目的进行，不断深化和增加。建设、设计、施工、运营和咨询等单位使用一系列应用软件，利用统一的建筑信息模型进行设计和施工，实现项目协同管理，减少错误、节约成本、提高质量和效益。工程竣工后，利用三维建筑模型实施建筑运营管理，提高运维效率。

BIM 中的信息范围是非常广泛的，不仅包含建筑的尺寸、材质、种类而且可以包含材质的物理性能，更可以包含材料的供应商、各构件的施工时间、施工进度等。BIM 通过将整个建设项目的工程信息集成到一个统一的建筑信息模型，从而实现数字化的工程设计、施工、运维的全寿命集成化管理。BIM 虽然中文名称中仅包含建筑，但其不仅仅针对建筑领域，对于土木工程的其他领域，如桥梁、隧道、地下、道路等，国内外均使用 BIM 这一概念。

BIM 实现了建筑 CAD 技术从基于点线面的二维表达向基于对象的三维形体与属性信息表达的转变。BIM 中的图形是赋予了建筑构件属性的实体。

随着对 BIM 认识的不断深入，BIM 的含义已经大大扩展，包含了三大方面的内容。见表 10-1。

BIM 的三种解释　　　　　　　　　　　　　　　　　　表 10-1

BIM 的三种解释	说明
Building Information Model	是建设工程（如建筑、桥梁、道路）及其设施的屋里和功能特性的数字化表达，可以作为该工程项目相关信息的共享知识资源，为项目全生命周期内的各种决策提供可靠的信息支持
Building Information Modeling	是创建和利用工程项目数据在其全生命周期内进行设计、施工和运营的业务过程，允许所有项目相关方通过不同技术平台之间的数据互用在同一时间利用相同的信息
Building Information Management	是使用模型内的信息支持工程项目全生命周期信息共享的业务流程的组织和控制，其效益包括集中和可视化沟通、更早进行多方案比较、可持续性分析、高效设计、多专业集成、施工现场控制、竣工资料记录等

BIM 不仅仅在跨越全生命周期这个纵向上得到充分应用，而且在应用范围的横向上也得到广泛应用。BIM 的应用也不仅仅局限于建筑领域，在基础设施领域也可发挥巨大的作用已是不争的事实。

10.3.2　BIM 的起源

2002 年，BIM 首次出现。时任美国 Autodesk 公司副总裁菲利普·伯恩斯坦首次在世界上提出 Building Information Modeling。

2004 年，初步认识。BIM 是一个从根本上改变了计算在建筑设计中的作用的过程，是对建筑设计和施工的创新。

2005 年，含义扩展。以 3D 技术为基础，集成了建筑工程项目各种相关的工程数据模型，是对该工程项目相关信息详尽的数字化表达。

2006—2007 年，定义更新。美国国家建筑科学研究院设施信息委员会和我国的建筑工业行业标准对 BIM 的定义。

2007 年底，定义明确。美国国家 BIM 标准第一版正式颁布，该标准对 BIM 给出了明确的定义。

10.3.3 BIM 的应用

1. BIM 技术在国外的应用

美国总务署在 2003 年便推出了 3D-4D-BIM 计划，并且对采用该技术的项目给予相应的资金和技术支持。

英国 BIM 技术起步较美国稍晚，但英国政府已经要求强制使用 BIM。2009 年 11 月英国建筑业 BIM 标准委员会 AEC（UK）BIM 发布了英国建筑业 BIM 标准，为 BIM 链上的所有成员实现协同工作提供了可能。

日本是亚洲较早接触 BIM 的国家之一。由于日本软件业较为发达，而 BIM 是需要多个软件来互相配合的，这为 BIM 在日本的发展提供了平台。从 2009 年开始，日本大量的设计单位和施工企业开始应用 BIM；2012 年 7 月，日本建筑学会发布了日本 BIM 指南，为日本的设计院和施工企业应用 BIM 提供指导。

2. BIM 技术在国内的应用

香港和台湾最早接触了 BIM 技术，但在大陆 BIM 的应用目前还处于起步阶段。自 2006 年起，香港房屋署率先试用建筑信息模型，并且为了推行 BIM，于 2009 年自行订立 BIM 标准和用户指南等。同年，还成立了香港 BIM 学会。

国内 BIM 技术的推广和应用起步较晚。2012 年以前，仅有部分规模较大的设计或者咨询公司有应用 BIM 的项目经验，比如悉地国际（CCDI）、上海现代建筑设计集团、中国建筑设计研究院等，上海中心（图 10-4）、水立方（国家游泳中心）、鸟巢（国家体育场）和上海世博展览馆等国家级重大工程成为应用 BIM 技术的经典之作。经过 10 余年的调查和积累，2015 年后，BIM 技术如雨后春笋般遍布在国内各个工程项目上，被人们熟知的中信大厦（中国尊）、港珠澳大桥（图 10-5）、广州东塔（周大福金融中心）、北京大兴国际机场等工程均应用了 BIM 技术。除了体积巨大、结构复杂的标志性工程广泛应用 BIM 技术外，越来越多的房屋建筑和基础设施工程都在普遍应用 BIM 技术。BIM 技术从项目的稀缺品变为必需品。

图 10-4 上海中心

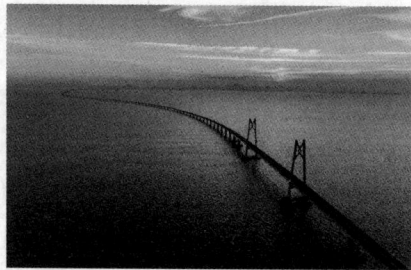

图 10-5 港珠澳大桥

10.3.4　BIM 软件

BIM 由核心建模软件（BIM Authoring Software）和其他基于此的建模软件组成，具体 BIM 软件见表 10-2。这些软件的关系如图 10-6 所示。

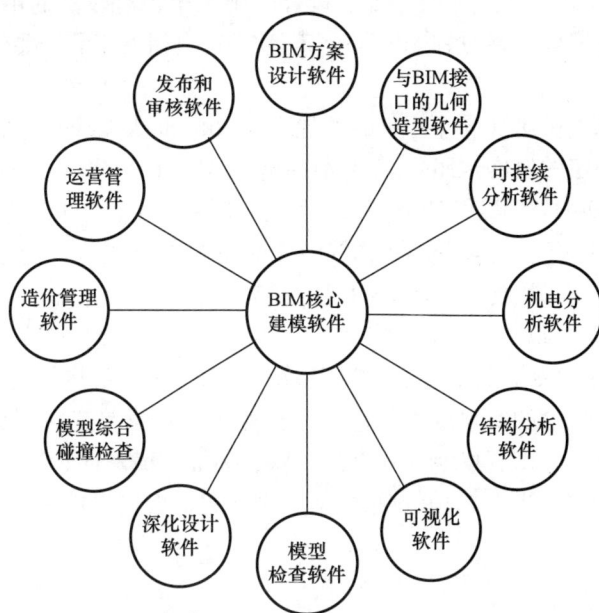

图 10-6　BIM 核心建模软件及用模软件

BIM 软件　　　　　　　　　　　　　　　　　　　　　　　表 10-2

公司	软件	功能	使用阶段
Graphisoft	ArchiCAD	建模、能源分析	设计阶段、施工阶段
Bentley	Bentley Architecture	设计建模	设计阶段
	Bentley RAM Structural System	结构分析	设计阶段
	Bentley Construction	项目管理、施工计划	施工阶段
	Bentley Map	场地分析	施工阶段
Autodesk	BIM360 Field	施工管理	施工阶段
	Navisworks 系列	模型审阅、施工模拟	设计阶段、施工阶段
	Revit 系列	建筑、结构、设备设计	设计阶段
Tekla	Tekla	结构深化设计	设计阶段
中国建筑科学研究院	PKPM-BIM 系列	建筑、结构、设备及节能设计	设计阶段
鸿业科技	鸿业 BIM 系列	建筑、结构及设备设计	设计阶段
深圳市斯维尔科技股份有限公司	斯维尔系列软件	建筑、结构、节能设计及工程量统计	设计阶段、施工阶段
北京理正软件股份有限公司	理正系列	设备设计、结构分析	设计阶段
鲁班软件	鲁班算量系列	自动统计工程量	设计阶段、施工阶段

以下以 Autodesk、Bentley 建模软件为例，进行详细介绍。

1. Autodesk

始建于 1982 年的 Autodesk 是世界领先的设计软件和数字内容创建公司，其产品广泛地用于建筑设计、土地资源开发、生产、公用设施、通信、媒体和娱乐。其中以 Auto-CAD 为代表的数字设计软件在国内外工程设计、施工中占有较高的市场地位，尤其在国内行业中其市场占有率处于绝对领先地位。其 BIM 建模相关产品主要包括：

1）Revit

Revit 是当前 BIM 在建筑设计行业的领导者。Autodesk Revit 借助 AutoCAD 的天然优势，在市场上有一定的发展，Revit 系列软件包括 Revit Architecture、Revit Structure、Revit MEP、Revit OneBox 以及 Revit LT 等，分别为建筑、结构、设备（水、暖、电）等不同专业提供 BIM 解决方案。Revit 作为一个独立的软件平台，使用了不同于 CAD 的代码库及文件结构，在民用建筑市场有明显的优势。

2）AutoCAD Civil3D

Civil3D 是根据相关专业需要进行专门定制的土木工程道路与土石方解决的 BIM 建模软件，可以加快设计理念的实现过程。它的三维动态工程模型有助于快速完成道路工程、场地、雨水污水排放系统以及场地规划设计。所有曲面、横断面、纵断面、标注等均以动态方式链接，可更快捷、更轻松地评估多种设计方案，做出更明智的决策并生成最新的图纸。

2. Bentley

Bentley 软件公司是全球最大的 BIM 软件制造商和方案提供商之一，长期致力于为全球建筑师、工程师、施工人员及业主运营商提供促进基础设施可持续发展的综合软件解决方案，软件产品涵盖了土木建筑、交通等行业，已被广泛应用于国内外大型建设项目中。

1）Bentley Architecture

Bentley Architecture 具有面向对象的参数化创建工具，能实现智能的对象关联、参数化门窗洁具等，能够实现二维图样与三维模型的智能联动，主要用于建立各类三维构筑物的全信息模型，应用于建筑专业建模。

2）Bentley Structural System RAM

Bentley Structural 适用于各类混凝土结构、钢结构等信息结构模型的创建。其构建的结构模型可以连接结构应力分析软件，进行结构安全性分析计算。从结构模型中可以提取可编辑的平面、立面模板图，并能自动标注杆件截面信息，主要用于建立各类三维构筑物的模型，应用于结构专业建模。

3）Bentley Building Mechanical Systems

Bentley Building Mechanical Systems 能够快速实现三维通风及给水排水管道的布置设计，材料统计以及平、立、截面图自动生成等功能，实现二维、三维联动，主要用于创建通风空调管道及设备布置设计，应用于通风、空调和给水排水专业建模。

4）Bentley Building Electrical Systems

Bentley Building Electrical Systems 是基于三维设计技术和智能化的建模系统，可以快速完成平面图布置、系统图自动生成，能够生成各种工程报表，完成电气设计的相关工作。结合 BIM 完成协同设计和工程施工模拟进度，满足了建筑行业对三维设计日益提高的需求，可应用于建筑电气专业建模。

5）MicroStation

MicroStation 是集二维制图、三维建模于一体的图形平台，具有照片级的渲染功能和专业级的动画制作功能，是所有 Bentley 三维专业设计软件的基础平台，可应用于所有专业建模。

10.3.5　BIM 与 VR、AR 和 MR

1. BIM 与 VR

VR（Virtual Reality，即虚拟现实），是由美国 VPL 公司创建人 Jaron Lanier 在 20 世纪 80 年代初提出的。其具体内涵是：综合利用计算机图形系统和各种现实及控制等接口设备，在计算机上生成的可交互的三维环境中提供沉浸式感觉的技术。BIM 是以建筑工程项目各项相关信息数据作为模型的基础，进行建筑模型的建立，通过数字信息仿真模拟建筑物所具有的真实信息，具有可视化、协调性、模拟性、优化性和可出图性五大特点。BIM 不但可以完成建筑全生命周期内所有信息数据的处理、共享与传递，其可视化的特点能让非建筑专业的人士看懂建筑。BIM 与 VR 拓展应用后，可以：①提高模拟的真实性；②提升项目质量；③提高模拟工作中可交互性；④多样化营销模式。

目前，VR 的实现要依靠头盔显示器和数据采集手套等外部设备，用户利用这些设备来体验和参与到模拟中去，利用鼠标、键盘、语音和手势来对物体或角色进行操控。同时需要配合 VR 开发引擎来实现 BIM 与 VR 的结合。现在也有越来越多的开发团队、设计施工企业、BIM 咨询企业等在 BIM 与 VR 的结合上进行尝试，未来的虚拟现实将会是一个充满着逼真互动体验的包罗万象的新世界，用户可以参与到具体情境中去，所有的一切将会真实、可信。

总之，虚拟施工技术在建筑领域的应用（BIM＋VR）将是一个必然趋势，在未来的建筑设计及施工中的应用前景广阔。相信随着虚拟施工技术的发展和完善，必将推动我国工程建设行业迈入一个崭新的时代。

2. BIM 与 AR

增强现实（Augmented Reality，AR）技术是一种将虚拟信息与真实世界巧妙融合的技术，广泛运用了多媒体、三维建模、实时跟踪及注册、智能交互、传感等多种技术手段，将计算机生成的文字、图像、三维模型、音乐、视频等虚拟信息模拟仿真后，应用到真实世界中，两种信息互为补充，从而实现对真实世界的"增强"。简单来说，AR 技术就是将虚拟信息叠加在真实环境之上从而达到增强现实目的的技术。

AR 技术具有两个特点：一是 AR 技术是基于空间的；二是 AR 技术是基于运动的。这也决定了 AR 技术所展示的效果是跟随使用者视角实时变换与更新的，从而为用户提供了高度真实的使用感受。

针对建筑行业，由于 AR 技术具有与将虚拟模型等相关信息与现实场景相结合的特点，因此非常适合与 BIM 技术相结合，实现 BIM 模型与实际施工场景 1∶1 完美融合，形成 BIM＋AR 的新技术。BIM＋AR 技术最大的特点就是"虚实结合"，并使得其成为验证设计及施工方案有效性的最佳方法：即将具有信息的建筑模型投射到现实施工场景之中，并能实现现场虚实对比、展示相关信息与虚实互动功能，从而解决 BIM 技术应用起点高，与工程实体结合不紧密的问题。这已成为 BIM 技术应用落地的有效手段。

AR 技术在近几年已经逐渐成为新技术行业发展的下一个风口。但其发展还处于起步阶段，笔者也是结合现阶段的该技术的发展情况，以及企业应用 BIM 及装配式工程的机会进行了一些有益的尝试，还有一些问题需要进一步的探索解决。但可以预见，随着软硬件技术与建筑施工技术的发展，BIM＋AR 技术应用兼容性与精度将进一步提升，目前存在的问题也将得到一定程度的解决，为技术的进一步扩展应用打下良好基础。

随着国家推动数字经济和实体经济融合发展战略落地。BIM＋AR 这种融合了人工智能、数字孪生、先进移动计算系统，以及多维度信息的数据应用技术，必将具有更加广阔的应用前景。

3. BIM 与 MR

混合现实技术（Mix reality，简称 MR）是结合 AR 的成像理念与 VR 沉浸式的成像体验打造出了一种以全息投影现实为主的混合虚拟现实技术，该技术可以构建逼真的三维虚拟环境，用户通过多种传感设备与之相互作用，产生"沉浸感"和"临场感"。增强现实（MR）技术可以解放用户的双手，以 3D 形式展示 BIM 数据模型，从而提升整个设计及实施流程的体验。例如，建筑师和设计师可以使用眼镜在桌面范围可视化他们设计的建筑模型，以方便他们更快更直观地打磨和改进设计。MR 系统通常采用三个主要特点：①它结合了虚拟和现实；②在虚拟的三维进行操作；③实时运行。

BIM＋MR 技术两者相辅相成，互相促进。对项目进行全生命周期的管控，尤其是对一些沟通密集项目，能进行信息的实时传递、实时更新，避免因为跟专业沟通不畅引起的工程问题，将成为替代性或者颠覆性的沟通管理技术。对公司而言，能起到降低管理费用、提高工程质量、增加企业效益的作用。

BIM 技术作为新一代的信息技术辅助设计的基础性技术，在建筑领域中产生了非常大的影响。BIM 与 VR/AR/MR 相互结合，运用到建筑业中，不仅是信息技术载体和应用工具的升级，而且使整个施工过程随着技术的深入发展而发生实质性的变化。VR/AR/MR 技术的有效运用，将 BIM 信息与真实的施工环境进行直观交互。设计人员依据 BIM 模型数据，结合相关的信息，通过 AR 技术提供指导，以确保施工设计与实际施工平稳对接，实现 BIM 技术在施工质量控制中的最大价值。此外，VR/AR/MR 具有实时互动和虚实结合的特点，有可能把施工组织设计信息纳入到 BIM 模型，使参与方能够进行直观的考察。未来，BIM、VR、AR、MR 四种新兴技术的结合运用，将为建筑行业带来前所未有的发展机遇。

🔍 思考题

1. 试列举计算机建模与分析计算软件。
2. 阐述 BIM 的定义，并列举常用的 BIM 类软件。
3. 你认为 BIM 技术是否值得推广，其发展趋势如何？

参 考 文 献

[1]　叶志明. 土木工程概论 [M]. 5 版. 北京：高等教育出版社，2021.

[2]　闫石，李兵. 土木工程概论 [M]. 2 版. 北京：中国电力出版社，2015.

[3]　丁大钧，蒋永生. 土木工程概论 [M]. 2 版. 北京：中国建筑工业出版社，2011.

[4]　侯建国，马延安，张立新. 土木工程概论 [M]. 银川：宁夏人民出版社，2011.

[5]　杜鹏. 建筑装饰装修工程施工 [M]. 北京：人民邮电出版社，2015.

[6]　安淑兰. 基础工程施工 [M]. 北京：人民邮电出版社，2015.

[7]　刘新荣. 地下建筑规划与设计 [M]. 武汉：武汉理工大学出版社，2018.

[8]　耿永常. 地下空间规划与建筑设计 [M]. 哈尔滨：哈尔滨工程大学出版社，2019.

[9]　李清. 城市地下空间规划与建筑设计 [M]. 北京：中国建筑工业出版社，2019.

[10]　苏达根. 土木工程材料 [M]. 武汉：武汉理工大学出版社，2019.

[11]　张黎. 建筑材料 [M]. 南京：东南大学出版社，2018.

[12]　文梓芸. 混凝土工程与技术 [M]. 武汉：武汉理工大学出版社，2012.

[13]　刘祥顺. 土木工程材料 [M]. 北京：中国建材工业出版社，2015.

[14]　傅柏权. 土木工程材料 [M]. 沈阳：辽宁大学出版社，2013.